KB163673

칸트

차례
Contents

칸트 철학에서 왜 인간이 중심 주제인가?

철학에서 '인간'은 언제나 중요한 주제였지만, 근대 이후의 서양 철학에서는 특히 중심 문제로 부각되었다고 말할 수 있다. 서양 근대철학의 정점이라고 할 수 있는 칸트(1724~1804)의 철학에서도 이러한 점을 명백히 확인할 수 있다. 특히 칸트의 나이 대략 45세 이후인 칸트비판기 이후의 철학에서는 이러한 점이 선명하게 드러난다.

비판기 이전까지만 해도 칸트는 종래의 전통철학 및 당시의 지배적인 자연과학 이론을 비판 없이 그대로 수용했다. 즉 철학에서 라이프니츠(Leibniz, 1646~1716), 볼프(Wolff, 1679~1754), 바움가르텐(Baumgarten, 1714~1762) 등의 이성론(합리론)을 수용하고, 자연과학에서는 뉴튼(1643~1727)의 이론을 신봉했다.

　일반적인 독자는 이성론 철학과 뉴튼의 자연과학이 서로 상이한 분야에 바탕을 두고 있기에, 칸트가 일종의 모순을 가지고 있는 것이 아닌가 우려할 수 있겠으나, 두 분야가 전혀 양립할 수 없는 이론을 주장하고 있는 것은 아니었다.

　오히려 두 이론은 세계를 보는 관점에서 거의 일치하는 견해를 보이기도 한다. 우선 두 이론은 이 세계가 영원히 변하지 않는 동일한 본질을 지닌, 정신이든 물질이든 실체적 존재들로 이루어져 있다고 파악한다. 그리고 자연의 존재들 중에서 인간이야말로 절대적인 신적 존재와 가장 유사하게 닮아 있으며, 이로 인해 인간은 이 세계의 실체적 존재들을 인식할 수 있다고 보는 점에서 두 이론은 같은 길을 걷고 있다.

　이성론 철학과 근대 자연과학의 주제는 '세계 속에 존재하는 영원한 본질을 지닌 실체들'이다. 물론 이들 학문이 모두 인간에 대해 관심은 갖고 있었지만, '유한한 존재인 인간'이 핵심주제는 아니었다.

　비판기 이후, 칸트는 전통철학의 영향에서 점점 벗어나 자신의 철학 이론을 확립해 가면서, 인간 존재를 중심으로 한 철학을 펼치게 된다. 여기서 주의해야 할 점은 비판기 이후의 칸트철학이 인간을 중심으로 전개된다고 해서 유아론적 독단론을 펼친 것은 아니었다는 점이다. 유한한 인간의 한계를 인정함으로써, 그의 철학은 인간의 겸허한 자세를 바탕으로 했기 때문이다.

우리가 무엇을 인식한다고 할 때, 그것은 인간 능력의 한계 안에서 이루어진다. 우리의 인식 대상이 무엇이건 간에, 그것은 우리의 능력 범위 안에 있다. 이 범위를 뛰어넘는 것에 대해서 우리는 안다고 할 수 없다.

이렇게 볼 때, 비판기 이후의 칸트철학은 인간의 인식 능력의 한계 안에서 전개된다. 그리고 이러한 의미에서, 칸트철학에서는 인간이 중심 주제라고 할 수 있겠다.

자연과 인간

칸트는 자연과학 이론에도 많은 관심을 갖고 있었으며, 비판기 이전에는 강의나 글을 통해서 자연과학적 사상들을 많이 발표했다. 자연이 어떠한 법칙에 따라 운행하는지, 물체들은 어떠한 법칙에 따라 작동하는지, 물체들이 존재하며 움직이는 공간은 어떤지, 나아가 지구가 있는 태양계 및 다른 은하계를 포함하고 있는 천체는 어떠한 구조로 이루어져 있는지 등에 커다란 관심을 갖고 있었다.

칸트는 이러한 문제들에 대해 당시의 유력한 이론들을 지지하거나 수정·보완하기도 하고, 새로운 입장을 제안하기도 하였다. 그는 당시의 자연과학자들 중에서 뉴튼을, 철학자들 중에서는 라이프니츠와 데카르트(Descartes, 1596~1650)를 이론의 중심에 두고 그들의 견해를 받아들였다. 또한 은하계 이론에서는 자신의 새로운 이론을 내놓기도 하였다. 예를 들어 칸트는 우주에는 은하수들이 한층 더 큰 구조물을 이루며 광대한 계층적 구조를 형성하고 있다고 추론했으며, 라이트(Thomas Wright, 1711~1786)와 더불어 18세기 중엽에 원반 모양의 은하수를 처음 제안하기도 했다. 계층적 우주 구조 모델은 현대의 우주 구조 생성론에서도 제기되고 있다.

자연과학에서 물체와 공간의 개념은 핵심적인 개념이다. 자연 안에 존재하는 물체들의 기본 요소는 무엇이며 그러한 요소들이 어떤 방식으로 모이고 흩어져, 물체들의 생성·성장·쇠락·소멸의 과정을 만드는가? 그리고 물체들이 존재하며 운동하는 장소로서 공간은 어떤 존재인가? 이러한 문제는 자연과학의 기본 문제이다.

칸트도 이러한 문제에 대해 많은 관심을 보였다. 이성론 철학과 뉴튼의 자연과학 이론, 이 양 사상의 공통점은 이 세계 존재들의 기본 요소를 '실체'로 본다는 것이다. 실체는 영원히 변하지 않는 존재로서 자신의 본질에 의해 존재하기 때문에, 여타의 것에 영향을 전혀 받지 않고 지속적으로 스스로의 본질을 유지해가는 존재를 뜻한다. 자연과학은 근본적으로 유물론적 입장에 서있기 때문에, 이 세계의 실체들을 물질적인 실체로 보았다. 그리고 물질적 실체의 다른 이름은 원자였다.

원자라는 개념은 '더 이상 나뉘어지지 않는 것(atom)'이라는 그리스어에서 비롯되었다. 고대 그리스 자연철학자들 중의 한 사람인 데모크리토스(Demokritos, 기원전 460~370)는 더 이상 쪼개지지 않는 기본 물질적 요소들이 세계를 이루는 근본적 형태들이며, 이 기본 요소들의 이합집산 과정이 자연세계라고 이론화하였다. 데모크리토스는 이 세계의 현상을 원자들의 영원한 기계론적 운동의 과정이라고 설명했다. 그의 설명에 따르면 물체들뿐만 아니라, 인간의 지각 및 생각의 현상도 원자의 운동이며 물질적 존재, 감각적 현상, 생각의 현상에는 정도의 차이가 있을 뿐 존재론적 차이가 있는 것은 아니라고 보았다. 이렇게 해서 데모크리토스는 이 세계를 유물론적으로 설명하는 길을 열었다. 이 세계에는 물질적인 것 외에는 없다. 영혼, 정신이라는 것도 원자의 운동에 불과하다고 그는 생각했다.

하지만 데모크리토스의 이러한 유물론적 원자론은 소크라테스(Socrates, 기원전 469~399), 플라톤(Platon, 기원전 427~347), 아리스토텔레스(Aristoteles, 기원전 383/4~321/2) 등의 철학과 기독교 사상에 바탕을 둔 중세 철학 속에서 빛을 발하지 못했으나 르네상스 시대 이후 자연과학의 비약적인 발전과 더불어 자연과학의 기초 이론으로 부각 됐다. 데모크리토스의 원자론은 근대 이후의 자연과학 이론의 근거가 되었으며 근대의 경험론적 철학에서도 중요한 역할을 했다.

형이상학과 칸트의 비판철학

이 세계의 궁극적 존재를 논하는 존재론(형이상학)으로서,

유물론적 실체론 외에 '유심론적 실체론'과 '물심(物心) 이원론적 실체론'이 있다. 세 가지 이론은 모두 철학적 존재론에 속하지만, 유물론적 실체론은 자연과학적 존재론으로서도 적합성을 인정받았다.

일반적으로 자연과학자들은 세계가 물질적 존재들로 이루어져 있다고 보는 반면, 철학자들은 세계가 물질로 이루어져 있다고 보는 '유물론자'와 물질과 정신의 두 가지 근원적 존재로 이루어져 있다고 보는 '이원론자', 그리고 마음으로만 이루어져 있다고 보는 '유심론자'가 있다.

비판기 이전의 칸트에게 커다란 영향을 미쳤던 이성론 철학은 세 가지 존재론 중에서 유심론과 이원론이다. 유심론자로는 라이프니츠가, 이원론자로는 데카르트가 칸트에게 사고의 밑거름을 마련해 주었다.

칸트는 뉴튼의 유물론적 존재론과 유심론적 존재론 및 이원론적 존재론 사이에서 자신의 존재론을 확립해간다. 그런데 유물론과 유심론, 그리고 일원론(이 세계의 근원을 물질이나 정신 중 한 가지 존재로 보는 견해)과 이원론(이 세계는 물질과 정신이라는 서로 상이한 두 가지 존재로 이루어져 있다고 생각하는 입장)은 하나의 이론으로 조화 내지 수용되기 어려웠다. 이에 칸트는 자신의 이론을 확립하기 이전에는 라이프니츠, 데카르트, 뉴튼의 영향 아래 여러 가지 관점 사이에서 자기 나름의 균형된 이론을 세우고자 했다. 특히, 물체에 관한 기하학적 입장에서는 데카르트의 결실에, 물체의 힘에 관한 이론에서는 라이프니츠의 사상에, 그리고 자연과학의 방법론에서는 뉴튼의 이론체계를 따랐다.

앞에서 말했듯이 데카르트, 라이프니츠, 뉴튼의 이론에서는 실체론적 존재론이 여전히 확고한 토대를 형성하고 있었다. 각자의 이론이 서로 다를지라도, 세계가 영원히 변하지 않는 본질을 지닌 존재로 이루어져 있다고 확신한다는 점에서는 같은 기반 위에 서 있었다. 단지, 그 근본적 존재가 물질이라고 주장하든가, 정신이라고 주장하든가, 아니면, 정신과 물질 두 가지라고 주장하든가에서 차이가 있을 뿐이었다.

이러한 실체론적 존재론이 전제될 때는 형이상학이 우선일 수밖에 없다. 이들 이론에서는 그 자체로 있는 존재가 무엇인가를 논하는 것이 핵심 과제이고, 그 존재를 인식하는 '나'라고 하는 주관은 어떠한 존재인가 하는 문제는 부차적이게 된다.

그러나 칸트는 다른 사람들의 영향 아래에 있는 도중에도 한편으로는 언제나 비판적으로 생각하는 태도를 지니고 있었다. 즉, 어떠한 권위에도 휩쓸리지 않고 스스로의 사고에 의해 사물 및 사태의 이치를 파악하고자 하였던 것이다.

흔히, 우리는 자신의 생각에 의해 세상을 살아가는 것처럼 느낀다. 하지만 곰곰이 생각해 보면 남의 생각, 남의 영향 아래에 있는 것을 경험하게 된다. 위대한 성현의 말, 위대한 책, 사회의 저명인사, 사회의 구조, 주위 사람들의 견해, 사회적 관습 및 인습 등으로부터 영향을 받게 되는 것이다. 전적으로 자기를 근원으로 해서 샘물처럼 솟아나오는 생각이라는 것이 과연 가능한지 의문이 들 정도이다. 오로지 자기 이성의 힘을 통해서 길어낸 완전히 자유로운 생각이라는 것이 과연 있을까?

칸트는 자신에게 언제나 그러한 자유로운 사고를 요구했으며, 그런 상태를 견지할 수 있는 사람만이 참으로 성숙한 사람이라고 생각했다. '정신적으로 남의 보호를 필요로 하지 않는 사람만이 진정으로 이성이 깨인 사람이다.' 이것이 바로 계몽된 이성이다.

비판적 사고란 어떠한 상황에 직면해서든 자기 이성의 힘을 통해 사태를 파악하는 것을 말한다. 칸트는 자기의 철학을 세우기 이전에 다른 학자들의 영향 하에 있긴 했어도, 이러한 비판적 태도를 견지하면서 사고했기 때문에 점차 그들의 영향에서 벗어나 자기의 철학을 정립할 수 있었다.

진리의 문제

전통철학에서는 진리가 중심 문제였다. 진리란 이 세상의 사물 및 사태에 관한 올바른 이치이다. 이 세상의 사물 및 사태를 하나의 체계로 보고 그 체계의 진리를 탐구하고자 한 이론들을 일컬어 '존재론' 혹은 '형이상학'이라고 한다. 존재론 및 형이상학에 대해 논하는 것은 인간의 사고 능력이다. 그렇기 때문에 인간이 얼마나 제대로 생각하느냐가 진리의 관건이 되는 것이다.

철학적 진리는 결국 이성의 자기검토이다. 이성의 자기검

토란 이성이 이성 자신을 반성하는 것을 뜻한다. 이성이 이성 자신을 반성(反省, reflection, 되돌이켜 생각함)한다는 것은 이성의 눈을 사물의 세계로부터 이성으로 돌려 성찰하는 것을 말한다. 이성의 기능은 본질적으로 이성의 능력에 대해 관조하는 기능이기 때문이다. 그러므로 이성이 존재 자체에 대해 숙고한다는 것은, 종국에는 이성 자체에 대해 숙고하고 반성한다는 것을 의미한다.

칸트에게 철학적 진리란 '이성의 자기반성'이었기에, 남들의 연구 결과를 자신의 이성 활동을 위한 자료로 사용하되 자신의 이성적 반성과 비판작업을 거쳐 활용하였다. 이렇게 해서 칸트는 점차 남들의 연구 결과와 결별해 자신의 새로운 이론을 형성하게 된다.

칸트가 전통철학자들과 유물론적 자연과학자들의 이론을 떠나게 되는 중요한 분기점은 철학의 핵심적 문제인 진리를 다루면서부터였다.

진리란 사물 및 사태에 대한 '맞는' 이치이다. 다시 말해, 사물 및 사태와 우리가 말하거나 생각하는 바가 서로 맞아떨어질 때 그것을 진리(참)이라고 한다. 그런데 이러한 생각은 이미 문제를 포함하고 있다. 왜냐하면, 위의 진리관을 따른다고 할 때, 우리는 우선 사물 및 사태 자체가 무엇인지를 알고 있어야만 하기 때문이다. 그것을 인식하고 있어야, 비로소 그 사물 및 사태와 우리의 말이나 생각을 비교해 서로 맞아떨어지는지를 알 수 있기 때문이다. 게다가 우리가 이러한 비교를 하

기 전에 그 사물 및 사태 자체를 이미 인식하고 있다면, 우리
는 그것을 생각과 비교할 필요도 없이 진리(참)로 결정해 버릴
수 있다.

칸트는 이러한 사색의 과정을 통해서, 자신의 탐구에 무엇
인가 결여되어 있다는 것을 자각하게 된다. 그것은 바로 진리
인식의 문제에 있어, 사물 및 사태라고 하는 대상과 이 대상에
마주 서있는 주관 사이의 '관계'였다.

전통적으로 철학적 탐구의 방향은 크게 경험론적 방향과
이성론적 방향으로 나뉜다. 경험론의 진리관에 따르면, 우리
는 살아가면서 경험이 쌓여 점차 세상의 진리를 터득하게 된
다. 경험론자들은 이러한 경험적 진리가 자연세계에 대해 절
대적으로 확실한 진리를 보장해주지는 못하지만, 존재 자체에
가장 근접하는 지식을 우리에게 알려준다고 주장한다.

이에 비해 이성론적 진리관은 우리가 이 세상에 태어날 때
부터 이미 절대적으로 확실하고 필연적이고 객관적이고 보편
적인 진리를 알고 있다고 한다. 단지, 어렸을 때는 이성이 아
직 충분히 계발되지 못해 진리를 스스로 의식하지 못할 뿐이
라는 것이다. 이성론자들은 우리가 태어날 때부터 이미 알고
있는 진리에 따라 세계의 존재를 확인·인식할 수 있다고 주장
한다.

이 양자의 진리관에서는 엄밀한 의미의 진리의 '관계' 문제
는 성립하지 않는다. 경험론적 진리관에 따른다면, 모든 진리
는 사물의 경험으로부터 비롯되는 것이기 때문에, 사물과 우

리의 생각(개념)을 '비교'할 필요가 없다. 그리고 이성론적 진리관에 따른다면, 모든 진리는 이미 우리의 이성에 본래부터 부여된 본유관념(생득관념)이기 때문에, 이성의 진리와 이성 바깥의 사물을 새삼스레 '비교'할 필요가 없다. 양자의 진리관에서는 전적으로 경험이나 이성, 한 쪽에 따라 진리가 결정된다. 그러므로 한 쪽의 사물·객관과 다른 쪽의 사고·주관이라는 양 측을 서로 '관계'지을 필요가 없다. 그리고 자연의 사물과 우리의 사고간의 '일치'라고 하는 고전적 의미의 진리 개념도 엄밀한 의미에서는 성립하지 않는다. 고전 철학자들은 그러한 진리 개념을 철저하게 반성·비판하지 않은 채로 당연시하며 자신들의 철학체계를 쌓아갔다.

진리 문제의 자각

칸트가 자신의 철학작업에 이러한 문제에 대한 성찰이 결여되어 있었다는 것을 새로이 인식하게 되자, 칸트철학은 바로 비판기로 접어들게 된다.

특히 흄(Hume, 1711~1776)의 철학적 회의를 통해서 칸트는 여태까지 자신이 당연시해온 학문의 결과에 대해 새로이 반성·검토하게 된다.

흄의 사고에서 칸트는 크게 보아 두 가지 관점을 중요한 것으로 취했다. 하나는 '실체'의 문제이고, 다른 하나는 원인과 결과간의 '관계' 문제이다. 흄의 입장에 따르면, 우리는 물체나 정신을 실체로서 인식할 수 없다. 나의 마음 바깥의 물체 (나의 신체 포함)든 정신이라고 하는 나의 마음이든, 양자는 주관의 심리적 현상에 불과할 뿐이기 때문이다. 우리가 정신이라고 부르든 물체라고 부르든, 이것들은 모두 지각에 의해 나의 감각기관에 찍힌 인상에 불과한 것으로서, 그 인상이 물체적 실체나 정신적 실체 그 자체와 동시에 관계하는지, 얼마만큼 관계하는지 우리는 전혀 알 수 없다. 그 인상은 우리의 감각에 찍히는 그 순간이 지나면 우리의 생각(관념)의 재료가 되고, 이러한 생각들(관념들)간의 '관계'가 우리의 지식이 된다.

흄에 의하면 관념들간의 '관계' 문제에서 가장 중요한 것은 인과관계의 문제이다. 인과관계란 원인과 결과의 관계를 말하며, 양자가 필연적으로 연결되어 있다는 것이 전통적인 생각이었다. 어떤 원인은 반드시 어떤 결과를 생기게 할 수밖에 없고, 결과는 반드시 어떤 원인에서 나왔을 수밖에 없다고 우리는 흔히 생각한다.

그런데 흄은 우리가 원인과 결과간의 관계라는 필연적인 끈을 영원히 찾아낼 수 없다고 했다. 왜냐하면 흄의 입장에 의하면 원인이라고 부르는 것이든 결과라고 부르는 것이든, 두 가지 '상이한' 요소들은 우리의 감각에 찍힌 인상 및 그 인상이 남긴 관념에 불과한 것이기 때문이다. 인상 및 관념은 주관적인 생각일 뿐, 실체로서의 원인 및 결과를 가리키지 않는다.

비판기 이전까지만 해도 칸트는 사물의 실체성 및 필연적인 인과관계를 당연한 것으로 인정하였다. 동시에 '이성론적

15

철학과 근대 자연과학'을 실체론적 사고와 필연적인 인과관계 이론의 바탕에 두고 있었다. 그러나 비판기에 돌입한 칸트는 흄의 회의적인 사고에 자극을 받아, 종래에 당연시했던 학문의 토대를 새로이 검토하게 된다.

칸트는 우리가 생각하는 학문상의 문제들을 크게 사고상의 문제와 사물 및 사태에 관한 문제, 이 두 가지로 나눈다(이것은 흄도 마찬가지였다). 사고상의 문제는 논리학의 문제로서, 그것은 개념들 및 문장들 간의 '관계'이고, 이 '관계'는 순수이성의 사고 능력에 의해 참이나 거짓으로 증명된다. 그러나 사물과 사태에 관한 문제는 결코 이런 식으로 해결될 수 없다. 사물 및 사태는 순수이성에서 비롯하는 사고상의 산물이 아니고, 순수이성 바깥의 존재이기 때문이다. 이러한 존재들 간의 문제는 논리적인 문제가 아니라 '실재적인' 문제이다.

흄 이전의 철학에서는 실재의 문제까지도 대체로 논리적인 사고상의 문제에 포함시켰다. 그리하여 존재에 관한 이론인 형이상학에서도 모순율 및 동일율이 기본 법칙으로 사용되었다. 모순율과 동일율은 사물 및 사태의 '관계'가 아니라 '순수사고'에 의해 성립한다.

칸트는 이제 근본적으로 사물 및 사태의 문제를 논리학 바깥의 문제로 보게 된다. 논리학 외의 문제를 수학, 물리학, 형이상학(좁은 의미의 전통적 형이상학)으로 분류했다. 수학, 물리학, 형이상학은 칸트에 따르면 모두 존재의 문제이다.

존재에 대한 인식 문제에서도 논리학에서와 같이 '관계' 문제가 필수적이다.

'관계'에 대한 인식이 논리학에서 존재에 관한 학문(수학, 물리학, 형이상학)에서 필수적인 이유는, 인간은 무엇과 무엇을 관계시키거나 연결시키지 않고는 아무것도 인식할 수 없기 때문이다. 우리는 어떤 것을 다른 어떠한 것과 완전히 분리해서 생각할 수 없다. 우리의 생각은 생각들 간 '관계'와 '비교'라는 과정을 통해 성립된다. 이러한 관계, 비교가 고전 논리학에서는 모순율과 동일율에 의해 수행된다. 그러나 우리는 존재들을 관계·비교하기 위해서는 사고상의 모순율과 동일율 외에 구체적인 경험을 필요로 한다.

존재를 인식(지각)하기 위해서 우선 우리에게 주어지는 사물을 필요로 한다. 우리의 사고에 의해 존재를 만들어낼 수는 없으며, 사고 바깥에서 주어지는 존재들을 비로소 비교·결합·분리할 수 있을 뿐이다. 그런데 이러한 비교·결합·분리가 단지 주관적인 인상과 관념 간의 임의적이고 우연적인 작업이 아니고, 필연적이고, 객관적이고, 보편적인 작업이라는 것을 어떻게 증명할 수 있는가?

현상존재론으로서의 진리

존재에 관한 진리 문제에서 칸트는 두 가지 중요한 문제에 봉착하게 된다. 하나는, 존재에 관한 진리는 결코 순수사고의 문제가 아니기 때문에 우리가 존재를 인식하기 위해서는 반드

17

시 경험을 필요로 한다는 것이다. 두 번째는 존재에 관한 진리가 반드시 경험을 필요로 하긴 하지만, 그러나 우리의 경험이 필연적이고, 객관적이고, 보편적인 경험이라는 것을 확인할 수 없다는 것이다.

칸트는 이 문제를 1772년 헤르츠라는 친지에게 보낸 편지에서 "어떻게 우리의 지성(사고)이 전적으로 선험적으로 스스로 사물에 관한 개념을 형성할 수 있는가, 즉 어떻게 우리의 선험적 표상이 사물 및 사태와 '관계' 맺을 수 있는가하는 물음에 관한 답을 얻는 것이 자기의 과제"라고 표현하고 있다. 이러한 과제를 칸트는 1781년에 출간된 『순수이성비판』을 완성하면서 집중적으로 수행하고 있다.

『순수이성비판』에서 칸트는 존재의 진리를 논함에 있어, 존재의 학문을 크게 세 가지로 구분하고 있다. 수학, 물리학, 형이상학이 그것이다. 수학, 물리학, 형이상학의 학문성은 칸트 자신이 세운 새로운 척도에 의해 가능된다.

칸트의 이론철학에서 존재의 진리(존재론, 형이상학)를 가능하는 척도는 우리 주관의 감성형식(공간형식과 시간형식)과 사고형식(12개의 범주)이다. 우선 주관의 외부로부터 대상이 공간형식 및 시간형식에 재료로 주어지면, 그 다음에 재료는 12개 범주에 의해 사고된다. 이렇게 12개 범주에 의해 사고됨으로써 그 재료는 비로소 인식하는 주관에 대해 객관적인 대상이 된다. 객관적 대상으로 된다는 것은 그 주관에 의해 어떤 것이 다른 것들과는 구별되면서 스스로의 동일성을 지닌 어떤 통일체, 단일체(개체, In-dividuum: 개체라는 말은 원래 '더 이상 나뉘어지지 않는 것'이라는 말에서 비롯됨)로 인식된다는 뜻이다.

칸트의 이론철학에 따르면, 우리가 무엇을 인식한다고 할 때 반드시 공간형식, 시간형식 그리고 사고형식인 범주가 작동한다. 이러한 형식이 활동하지 않고는 우리가 어떤 대상을 인식했다고 말할 수 없다. 이것을 칸트는 『순수이성비판』에서 "감성 없이는 대상이 주어지지 않고, 오성(지성) 없이는 대상이 사유되지 않는다. 내용 없는 사유는 공허하고, 개념 없는 직관은 맹목적이다"라고 표현하고 있다.

이렇게 볼 때 칸트의 인식론에서 대상은 우리 주관의 형식에 의해 질서가 잡힌 대상을 말한다. 이 대상은 우리 주관과 일체와 관계없이 그 자체로 있다고 상정되는 사물 자체가 아니다.

그리하여 칸트에 따르면 우리가 인식하고 있는 '자연' 또한 우리의 형식에 따르는 자연이지, 우리의 형식과 관계없이도 존재하는 자연은 아니었다. 그러한 자연에 대해서 우리는 '생각'할 수는 있을지라도 '인식'할 수는 없다. 그러한 자연 자체는 우리와 상관적으로 존재하는 자연이 아니기 때문이다.

우리의 주관과 관계하는 대상을 칸트는 '현상'이라고 부르면서, 이것을 사물 자체라는 개념에 대립시킨다. 칸트에 따를 때, 자연은 오로지 주관에 의해 인식되는 자연일 뿐이다. 인식 주관과 관계없는, 또는 주관을 초월하는 대상은 인식 대상이 아니다. 인식 가능한 대상은 공간형식, 시간형식, 범주에 의해 파악되는 것으로, 이것은 경험 가능한 자연세계일 뿐이다.

그리하여 비판기 이후의 칸트철학의 존재론은 현상의 존재론이 된다. 주관과 관계없는 실체 자체에 대해서, 우리는 그것을 인식할 수 없을 뿐만 아니라 그런 것이 '있다(존재한다)'고 말할 수도 없다. 그것의 존재를 전혀 인식할 수 없는데, 어떻게 '있다'고 말할 수 있겠는가. 이렇게 해서 '순수이성비판'의 작업에 바탕을 둔 존재론은 '자연형이상학(Metaphysik der Natur)'이 될 수밖에 없고, '자연형이상학'은 현상존재론이 되는 것이다.

칸트의 이러한 존재론 및 인식론은 근본적으로 인간 능력의 한계를 인정하는 이론이며, 존재론 및 인식론 외의 어떠한 이론도 인간 인식의 정황을 제대로 파악할 수 없다고 단호하게 말하는 이론이다. 우리에게 자연세계는 우리 주관의 눈에 비친 세계뿐이다. 대상(존재) 인식에 있어 이것은 모든 인간들의 근본 조건이다. 그렇기 때문에 인간에게 이 근본 조건은 선험적이고(경험에 앞서), 필연적이고(반드시), 객관적이다(동일한 대상에 대해 동일한 법칙이 적용됨).

그리하여 칸트의 선험적 현상존재론에 의해 흄이 제기한 '인과율 문제(인과율의 필연성 부정)'가 해소된다.

도덕과 인간

앞에서는 칸트의 이론철학(존재론 및 인식론)의 관점에서, 특히 그의 비판기 이후 관점에서 인간 존재의 문제에 대해 살펴보았다. 이 장에서는 칸트의 실천철학을 중심으로 해서 칸트의 인간관에 대해 살펴보고자 한다.

도덕의 근원

칸트에 따르면 인간은 이원적 존재이다. 이원적 존재란 두 가지의 서로 다른 근원에서 비롯하는 존재라는 뜻이다. 칸트에 의하면, 인간은 자연의 다른 존재들처럼 자연의 인과법칙에 속하는 존재이면서, 자연의 필연적 인과법칙을 초월하는 절대적 자유의 법칙에 속하는 존재이다.

인간이 두 가지의 서로 다른 법칙에 속하는 것이 우리의 삶에서 어떤 의미를 지니게 될까?

우리의 마음속에서 일어나는 심적 요소들은 매우 다양하다. 우선, 내 앞에 보이는 사물들이 무엇인지를 지각하고, 그 사물들의 크기, 무게, 딱딱함과 부드러움, 따뜻함과 차가움, 빛깔 등을 지각한다. 우리의 일상생활은 이러한 지각 현상으로 유지된다. 물체를 지각하는 일은 우리 삶에 있어서 커다란 부분을 차지한다.

물체적 지각 외에 심리적 지각도 중요한 부분을 차지한다. 우리가 다른 사람들의 마음을 알아차릴 수 없다면, 사람들의 삶은 무생물 간의 관계와 다름없을 것이다. 내가 상대방의 기분이 좋다거나, 슬프다거나, 화가 나 있다든가 하는 것을 감지할 수 없다면 마음의 소통도 없을 것이다.

그러나 인간의 지각에서 물체적인 것과 심리적인 것이 서로 무관하게 각자 진행하는 것은 아니다. 상대방이 화나 있다는 것을 우리는 어떻게 아는가? 상대방의 얼굴 표정, 말, 거친 태도, 혹은 평소와 다른 침묵 등의 요인이 없다면 우리는 상대방이 화가 나 있다는 심적 현상을 알아차릴 수 없다. 그리고 상대방이 현재의 마음 상태를 완전히 위장하여 반대로 표현할 수도 있는 것이다. 또한 우리가 무엇엔가 열중해 있을 때는 눈앞의 사물을 지각하지 못하는 경우도 있다.

어쨌든 물체적 지각과 심리적 지각은 우리의 일상생활에서 매우 커다란 부분을 차지하고 있으며, 서로 밀접하게 관련되어 있다.

칸트는 우리들이 지각 가능한 물체적 대상과 심리적 대상을 총체적인 자연이라고 불렀다. 칸트에 따르면 자연은 우리의 지각과 관계없이 그 자체로 존재하는 사물이 아니라, 우리의 지각 구조에 의해 파악 가능한 대상인 것이다. 그리고 우리의 지각 구조는 앞 장에서 말했듯이 공간형식, 시간형식, 범주로 나뉜다.

칸트는 물체적 현상에 비해 심리적 현상을 법칙적 인식 문제에 있어 회의적으로 바라보았으나, 전체적으로 심리적·물체적 현상 모두 현상적 법칙에 종속된다고 보았다. 그리하여 우리의 세계는 물체적 현상으로서의 자연과 심리적 현상으로서의 자연을 아우르는 포괄적 세계라는 것이었다.

그러나 우리의 일상생활은 자연현상에 대한 지각 및 인식으로만 이루어지는 것은 아니다. 우리는 자신의 행동에 대해 후회하면서 양심의 가책과 책임을 느끼기도 하고, 앞으로는 더 바람직한 행동을 하자고 마음을 다지기도 한다. 사람들과의 관계에서 행위에 대한 이러한 의식이 없다면, 우리들은 사회생활을 쉽게 해내지 못할 것이다.

그러면 칸트는 어떤 근거 위에서 행위에 대한 옳고 그름을 판단하고, 어떤 행위가 도덕적이라고 생각했을까? 그리고 도덕적 행위를 판단하는 정당성을 찾게 되는 궁극적 전제는 무엇이었을까?

대부분 인간은 - 특이한 정신의 소유자가 아니라면 - 자기가 잘못한 행위에 대해 후회하며, 앞으로는 그러지 말아야지 하는 양심을 느낀다. 그런데 이러한 마음의 밑바닥을 들여다보면 거기에는 일종의 이기심이 숨어있기도 하다. 나의 선행을 남들이 전혀 알아주지 않는다면, 상대방이 앞으로 나에게 결코 이익이 되지 않을 것이 확실하다면, 내가 어떻게 하든 상대방이 나에게 불이익을 주지 않을 것이 확실하다면, 남들이 나의 잘못을 전혀 모를 것이 확실하다면, 내가 하는 행위가 현실적으로 남들에게 전혀 이익을 가져다주지 않을 것이 확실하다면, 우리는 대개 선행할 필요를 느끼지 않게 될 것이다.

칸트에 따르면, 위와 같은 마음에서 행하는 행위는 그 결과가 아무리 훌륭할지라도 전혀 '도덕적'이지 않다. 칸트의 실천철학에서 도덕적이라는 말은 오로지 행위자의 순수한 동기에서 비롯하는 행위만을 뜻한다. 순수한 동기는 다른 어떠한 목적이나 결과에 대한 고려 없이 그것이 옳은 행위이기 때문에 행하는 마음을 뜻한다. 그리고 옳은 행위를 하는 것이 인간의 의무이기 때문에 행하는 마음이 순수한 동기이다.

그러면 순수한 동기에서, 순수한 의무에서 행하는 행위가 옳다(도덕적이다)는 것은 어떻게 아는가? 그것은 자신의 마음을 들여다봄으로써 직접적으로 알 수 있다. 아무리 훌륭한 성현의 말씀이라도, 아무리 좋은 책일지라도 그것은 외부의 권위이다. 칸트가 말하는 도덕적 근거는 바로 자신의 마음이다. 칸트는 이것을 이성의 사실이라고 말한다. 우리의 마음, 이성

안을 들여다보면, 우리는 직관적으로 무엇이 옳은지를 인식할
수 있다는 것이다.

칸트의 도덕원리

그러면 어떻게 행하는 것이 옳은가(도덕적인가)? 모든 사람
들을 수단으로서가 아니고 목적자체, 인간자체로 대하며, 내
가 행하고자 하는 바가 언제나 보편적 행위법칙에 타당할 수
있도록 행동해야 한다. 칸트는 이러한 행위법칙을 정언명법(定
言命法)이라고 이름 붙였다.

자신을 포함해 모든 사람들을 목적 자체로 대하는 것이 바
람직하다는 것을 우리는 직감적으로 안다. 이것을 아는 데는
장기적인 교육이나 많은 지식이 필요한 것은 아니다. 우리는
인간으로서 그러한 행위법칙을 이미 선험적으로 알 수밖에 없
다. 우리가 선험적으로 그러한 행위법칙을 인식할 수 있는 이
유는 본성적으로 이성의 소유자이기 때문이다.

앞에서 말했듯이, 칸트철학에 따르면 인간은 이원적 존재로
서, 한편으로는 자연에 속한다면, 다른 한편으로는 자유에 속
한다. 여기에서 자유란 행위 면에서 인간은 자신의 절대적인
자유의지의 능력을 사용할 수 있는 존재라는 의미이다.

칸트철학에서 인간은 자연의 다른 존재들과 구별되는 '존
엄성'을 지닌 존재이다. 인간의 존엄성은 자연의 인간이 아
니라 자유로서의 인간에 근거한다. 즉 인간이 자연 안에서

어떠한 상황에 처해 있든, 자신이 마치 절대적인 자유의지를 소유한 존재인 양, 자신뿐 아니라 모든 사람들에게 목적 자체로 대함으로써 인간의 존엄성이 고양될 수 있다고 칸트는 말한다.

칸트의 도덕철학에 따르면, 모든 인간에게 무차별적으로 동일한 행위법칙을 적용하는 것이 도덕적이다. 인간적으로 더 가까운 관계, 예를 들어 부모형제처럼 나와 가까운 관계에 있는 사람이든 먼 사람들이든 모두 인간이라는 점에서 동등하며, 도덕적 행위판단은 이 사람들이 인간이라는 데 있지 나와 얼마나 가깝고 먼 관계에 있는가에 있지 않다. 이러한 의미에서 칸트는, 각자 자신의 개인적 판단이 언제나 보편적 자연법칙에 어긋나는지 반성해 보아야 한다고 촉구하고 있다.

그러나 인간을 인간 자체로 대하는 것이 옳다는 것을 누구나 잘 알고는 있지만, 현실에서는 이에 상응하는 행위만 하며 살아가진 못한다. 심지어 자기 자신조차도 수단으로 대하는 경우가 빈번하기도 하다. 사람 자체보다 학벌, 재산정도, 사회적 지위, 외모 등에 의해 남들을 평가하고, 자신도 그러한 요인을 충족시키기 위해 전전긍긍하며 살고 있지 않은가.

이와 같이, 우리가 일상생활에서 칸트가 말하는 도덕법칙대로 생활하고 있지 못하고, 도덕법칙을 생활화한다는 것 자체가 불가능한 것 같기도 한데, 어떻게 칸트는 자신의 도덕법칙이 자연법칙과 같이 필연적이고 보편적인 법칙이 되도록 의식하며 살아가라고 하는 것일까? 칸트가 말하는 도덕법칙을 우리의 현실에 비추어 본다면 보편적이지도 않고 필연적이지도 않다. 법칙이라는 말에는 이미 보편성, 필연성, 객관성 등의 의미가 포함되어 있으므로 이런 관점에서 보면 그것은 법칙이 아닐 수도 있을 것이다.

그러나 칸트가 말하는 도덕법칙은 현실에서 사람들이 얼마나 보편적으로 준수하느냐에 따라 평가되는 법칙이 아니다. 아니, 현실에서 사람들은 칸트가 말하는 도덕법칙을 거의 지키지 못할 수도 있다. 그럼에도 불구하고 그 법칙은 보편적이고 필연적이다. 왜냐하면 각자 자신의 이성에 비추어 보아 그 법칙이 절대적으로 옳다는 것을 확신할 수 있기 때문이다.

그런데 칸트의 도덕법칙을 근본적으로 인정하지 않는 사람들이 있을 수 있다. 예를 들어 인간도 다른 존재들과 똑같이 오로지 물질적 자연법칙에만 종속되며, 자연 외의 어떠한 궁극적 존재도 인정하지 않는 세계관을 지닌 사람이 있다. 이들은 인간이 절대적 자유의지를 지닌 존재로서 '도덕적' 존재라고 말하는 것을 인정하지 못할 것이다.

그러나 앞에서 말했듯이 칸트는 인간을 자연법칙과 동시에 자유법칙에 속하는 존재로 보았고, 자유법칙에 근거해 인간의 도덕법칙이 성립한다고 하였다.

그러나 칸트의 도덕법칙과 이 법칙에 근거한 인간관을 인정한다고 해도 문제는 있다. 현실에서 우리가 칸트의 도덕법칙을 실천하지 못하지만, 그 법칙이 옳다는 것을 인식하는 것만으로 우리들의 실제적인 행위에 도움이 될 수 있을까?

자신의 이성을 통해 근원적 행위법칙이라고 인식하는 것만으로도 칸트의 도덕법칙은 이미 참다운 행위법칙이 된다. 그렇다고 칸트의 도덕법칙이 이성의 인식으로는 진리이지만, 실제적 행위법칙으로는 공허하다는 의미는 아니다. 칸트의 근원적 도덕법칙은 실제의 행위에도 철저히 적용 가능하며 적용되어야 하는 현실적 법칙이다.

그렇다면 사람들이 현실적으로 그 도덕법칙을 실천하고 있지 못하는 이유를 어떻게 설명해야 할까? 범법자가 있다고 해서 실정법이 법이 아닌 것은 아니지 않는가? 실정법에서도 범법자가 있듯이, 칸트의 도덕법도 지키지 못하는 사람이 있을 뿐이다. 그리고 실정법보다 칸트의 도덕법은 더 근원적 법칙으로서 더 넓은 보편성을 지닌 상위법이기 때문에 모든 사람들에게 적용 가능한 법이기도 하다.

그래도 문제는 남는다. 현실 사회의 실정법의 범법자 비율에 비해 칸트의 도덕법을 범하는 비율이 너무 크다는 점이다. 이 문제는 칸트의 인간관에서 비롯한다.

정언명법

인간 존재가 오로지 자연의 일원에 불과하다면, 인간도 다른 동물들처럼 현재의 조건에 따라 필연적으로 앞으로 나아갈 수밖에 없을 것이다. 배가 고프면 먹고 싶어하고, 피곤하면 쉬고 싶어하며, 더 많은 재물을 얻고자 하고, 남들보다 앞서려고

하는 마음이 모두 자연의 필연성에 따르는 것이다. 자연의 필연성에 따르는 이러한 마음을 달리 말하면 이기심이자 본능이다. 이러한 마음은 우리 마음속에서 저절로 '기울어지는' 마음이다. 칸트는 이러한 마음의 현상을 경향성(傾向性)이라고 표현했다. 경향성은 '저절로' 어느 방향으로 '기울어지는' 마음으로 반성적 의식이 수반하지 않는 마음이기도 하다.

반성적 의식이란 내 마음 바깥의 물질, 지위, 사람 쪽으로 저절로 기우는 마음을 다시 되돌려 자신의 마음 안으로 향하게 하는 의식을 말한다. 칸트가 말하는 도덕의식이 바로 반성적 의식이다.

칸트의 관점에서 보면 공리주의 도덕은 자연의 경향성에 바탕을 두고 있다. 공리주의에서 말하는 도덕은 모든 인간은 행복을 추구하는 본성을 지닌 존재라는 이유에서 개개인의 행복추구권을 정당화한다. 그런데 각 개인이 안녕, 행복한 삶을 영위하려면 사회질서가 안녕해야 한다. 사회의 질서가 유지되려면 남들의 행복추구권도 인정해야 하며, 그럼으로써 각 개인의 행복도 보장될 수 있다. 이런 관점에서 볼 때 공리주의 도덕은 바깥으로 향한다. 사람들이 추구하는 행복이 물질적 행복이든 정신적 행복이든, 행복을 추구하는 이러한 마음은 마음 바깥의 조건으로 향하며, 그 쪽으로 저절로 기울어진다. 그리고 그렇게 기울어지는 마음은 '자연적'이다. 그러므로 그 마음은 자연의 법칙에 귀속된다.

저절로 기울어지는 마음을 좇는 것은 자연스럽게 진행되므로 쉽고 편하다. 피곤할 때 쉬고, 배고플 때 음식을 먹는 것은 기분이 좋다. 갖고 싶던 물건을 갖게 되면 기분이 흡족하다. 그 뒤에도 끊임없이 더 큰 것을 갖고 싶은 마음이 일어날 것이지만, 당장은 만족하게 된다.

그런데 칸트의 도덕철학은 모든 인간을 목적 자체로 대하라고 명령(명법, 命法)한다. 인간을 목적 자체로 대해야 한다는 것은, 인간을 사물처럼 취급하거나 수단으로 생각하지 말고, 절대적 이성을 지닌 존재로 대해야 한다는 뜻이다. 이는 자연적으로 기울어지는 마음이 아니라, 반성적으로 자기 이성 내부로 향할 때 드는 마음이다. 그리고 그러한 인식에 따라 자신뿐 아니라 남들을 목적 자체로 대하는 데에는 일종의 긴장된 의식을 수반한다. 긴장된 의식은 순간의 인식만으로는 가능하지 않다. 생활 속에서 자신이 처한 매상황마다 '의식적'으로 살 때에만 가능하다. 이러한 의식적 행위가 오랜 시간 수행되면 나중에는 이것이 그 사람의 실제적 인격을 형성하게 될 것이다. 말하자면, 머리 속에서 옳다고 인식된 법칙을 생활에서 몸에 익혀 나가는 것이다.

이러한 의미에서 칸트는 자신의 도덕법칙을 정언명법(定言明法, Imperativ)이라고 이름 붙였다. 칸트의 도덕법칙은 자연의 성향에 따라 저절로 수행되는 법칙이 아니라, 우리가 매순간 스스로에게 명령해야 하는 법칙인 것이다. 절대적으로 옳은 법칙이라는 것을 이미 알고 있는데도, 그 법칙에 따라 행할 것을 스스로에게 명령해야 하는 이유는 우리가 오로지 절대적 이성을 따르는 존재가 아니기 때문이다.

만일 우리가 절대적 이성법칙만 따르는 존재라면, 자신의 법칙을 자신에게 명령해야 할 필요조차 없을 것이다. 인간은 고로 이성법칙(자유법칙)과 더불어 자연법칙에도 속하는 존재이다. 자연의 일원으로서의 인간은 부단히 자연적 성향인 본능 즉, 이기심의 방향으로 기울어져 간다.

그리하여 자연의 경향성으로부터 방향을 틀어서 이성의 자유의지 쪽으로 향하도록 의식적으로 스스로에게 명령함으로써 자신의 방향을 조정하는 것은 인간의 의무인 것이다. 그리고 이 명령, 이 의무는 어떤 소수의 사람에게만 타당한 명령이나 의무가 아니라 모든 사람들에게 언제나 타당한 정언적 명령인 것이다. 그래서 칸트는 이것을 정언명법이라고 칭한다.

이렇게 볼 때, 칸트의 도덕법칙은 단지 이성의 추상적인 법칙으로서만 타당한 것이 아니다. 이 법칙은 우리의 사회생활 속에서 실현되어야 할 법칙인 것이다. 단지, 현재의 사람들이 아주 불충분하게 실천으로 옮기고 있을 뿐이다.

도덕적 존재로서의 인간

그런데 정언명법이 보편적이며 필연적이며 객관적인— 모든 사람들에게 반드시 적용되어야 하는, 그리고 적용될 수 있는— 법칙으로서의 자격을 갖추는 데에는 또 한 가지 중요한 문제가 있다. 그것은 인간이 참으로 절대적인 자유의지를 지닌 존재인가 하는 점이다.

칸트의 도덕철학에서 자유의지의 소유자로서의 인간의 문제는 불멸의 영혼 및 신의 존재 문제와 연관된다.

앞에서도 여러 차례 서술했듯이, 칸트는 인간을 이원적 존재로 본다. 자연의 존재와 자유의 존재가 그것이다. 그런데 자연 존재로서의 인간 존재에는 별 문제가 없다. 자연의 다른 존재들, 예를 들어 동물이나 식물과 마찬가지로 인간도 이 세상에 생겨나서 성장의 과정을 거쳐 점점 노쇠해져 죽음에 이른다. 심리적 상태도 자연의 조건에 따라 진행된다. 중요한 시험을 앞두고 있을 때 마음이 불안해진다. 시험을 잘 마치고 나면 마음이 느긋해진다. 재물, 사회적 지위, 좋은 사람을 얻기 위해 노심초사하다가 그것들을 획득하고 나면 만족감을 느낀다. 그런데 이러한 정신은 자연의 본성에 따르는 정신이다. 즉 이때의 정신은 자연 존재로서의 인간 정신에 속한다.

자유의지도 인간의 정신이다. 그러나 이 경우의 마음은 위에서 말한 자연 존재로서의 마음과 본질적으로 구별된다. 이 마음은 자연 존재를 초월하는 마음이다. 그리하여 여기에서 중요한 물음이 생긴다. 신체를 지녔다는 점에서 인간은 자연에 속한다. 그런데 자연적 존재인 인간이 어떻게 동시에 자연을 초월하는 절대적 자유의지를 지니는 존재로 가능한가?

여기에서 칸트가 인간을 이원적 존재로 보는 명확한 이유가 드러난다. 인간은 신체라는 자연의 조건에 제한되어 있지만, 다른 한편으로는 자연의 조건을 초월하는 마음을 지닌 존재이기도 한 것이다. 그리고 인간이 신체라는 자연을 초월하는 존재라는 것은, 신체적 조건과 무관한 본질을 지닌 존재라는 것을 의미한다. 신체적 조건과 무관한 본질이라는 것은 물체적 성질을 전혀 갖지 않는 나뉠 수 없는 존재를 뜻한다. 그러한 존재는 순수정신으로서 영원히 분할될 수 없는 것이기 때문에, 영원히 소멸하지 않는다. 우리는 이것을 '불멸의 영혼'이라고 부른다.

영혼불멸이라는 개념은 서양인들에서나 동양인들에서나 인간 정신의 의미와의 관계에서 아주 친밀한 개념이다. 특히 서양 철학에서 인간의 본질을 이성으로 보는 견해에서 영혼불멸의 개념은 필연적이었다. 이러한 경향은 고대 그리스의 플라톤과 아리스토텔레스의 철학을 거쳐, 천여 년에 걸친 중세 철학, 그리고 근세의 이성론철학에 이르기까지 지속되었다.

칸트도 자신의 철학을 새로이 자리매김하기까지는 이러한 고전적인 철학을 수용했다. 그러나 비판기에 오면, 종래의 철학적 관점들을 비판적으로 바라보기 시작하여, 『순수이성비판』이 저술될 쯤에 오면, 당시의 철학을 지배하던 이성론 철학을 반박하기 시작한다.

이성론 철학을 반박한 칸트의 비판철학은 앞에서도 논했듯이 자연에 관한 현상존재론이라고 말할 수 있다. 현상존재론에서 인간들은 현상으로서의 자연에 한해서만 인식할 수 있다고 논의한다. 대상을 수용하는 감성구조인 시공형식에 주어진 내용이 범주에 의해 질서가 세워짐으로써 자연에 관한 우리의 인식 내용이 성립된다. 그리고 이것을 넘어서는 것은 우리의 인식 대상이 아니다.

이렇게 볼 때 비판기 이후의 칸트철학에서, 불멸의 영혼은 우리의 인식 대상이 아니다. 왜냐하면 불멸의 영혼은 우리의 시공형식에 주어질 수 없는, 즉 시공을 초월하는 것이기 때문이다. 이론철학을 논하고 있는 『순수이성비판』에서 불멸의 영혼 개념은 우리의 인식 문제와의 관련에서 부정적인 개념일 수밖에 없다.

칸트 도덕철학의 현실성

그러나 『도덕형이상학정초』 『실천이성비판』 『도덕형이상학』 등의 실천철학적 저술에서 칸트는 『순수이성비판』에서와 다른 논의를 전개한다.

현상적으로 볼 때 인간들이 '불멸의 영혼이라는 존재를 인식할 수 없다'는 입장은 다른 저술들에서도 유지되지만, 실천적 행위에서는 '불멸의 영혼을 지닌 인간 개념을 요청할 수밖에 없다'는 것이다. 이 개념이 요청됨으로써 인간은 자연을 초월하는 존엄성을 지닌 존재로 부상한다. 칸트철학에서 인간은 자연의 다른 존재들과 구분되는 존재이고, 이처럼 구분되는 근거는 바로 불멸의 영혼, 즉 절대적 이성이다.

그리고 불멸의 영혼 개념과 더불어 칸트는 도덕철학에서 신의 존재 개념도 요청한다. 불멸의 영혼이 존재할 수 있는 이론적 근거도 사실은 신이 존재하기 때문이다. 이 세상에 절대적 신이 존재하고 신이 자신의 절대적 능력에 의한 자유의지에 따라 자신의 본성에 가장 가까운 존재로서 인간을 창조했다는 것은 전통적 서양 철학에서 매우 중요한 의미를 지닌다.

칸트는 자신의 실천철학에서 불멸의 영혼과 신의 존재를 요청함으로써, 인간이 이 세상에서 일면으로는 자연의 존재로 살지만, 일면으로는 불멸의 영혼, 절대적 이성이라는 본질에 합당한 삶을 살아야 한다고 강변한다. 그렇게 사는 것이 인간 자신의 본질에 따르는 삶이라는 것이다. 그러므로 칸트철학에서 불멸의 영혼, 절대적 이성이라는 본질에 순응하는 삶은 실천철학적 의미의 도덕적 삶이다.

절대적 이성의 본질과 도덕적 삶의 본질이 필연적으로 연결되어야 한다고 보는 사고는 서양의 전통철학에서 기인한다. 이러한 면에서 볼 때, 칸트의 도덕철학은 서양의 전통철학의 연결선상에 있다고 볼 수 있다.

그러나 어떤 면에서 칸트의 도덕철학은 서양의 전통철학 그리고 칸트 이후의 도덕철학과도 근본적으로 구별되는 이론을 가지고 있다.

그 구별되는 방향은 이 세상에서 '좋은(good, 善)', 바람직한 삶의 목표를 어디에 두느냐에 있다. 대체로 동양에서나 서양에서나, 칸트 이전이나 이후나 사람들은 삶의 최고 목표를 행복에 두었다. 행복한 삶은 우리들 대부분이 바라는 바이며, 철학자들은 이러한 견해를 이론화하고자 했다. 인간 최고의 행복을 아리스토텔레스는 중용 및 관조의 삶에, 스토아학파는 안심입명(安心立命)에, 에피쿠로스학파는 쾌락에 두었고, 유가 사상에서는 정명(正名)에, 도가 사상에서는 무위자연(無爲自然)을 이룬 삶에 두었다.

이와 같이 대부분의 사상들은 모두 '바른 삶을 살 것'을 말하고 있다. 그러나 이 사상들과 칸트의 도덕철학이 구별되는 면은 나머지 것들이 인간이 자연 존재로서 어떻게 최고의 삶을 사느냐 하는 점을 말했다면, 칸트는 인간이 본질적으로 '도덕적인' 존재이고, 도덕적 존재의 본질은 바로 절대적 정신, 불멸의 영혼에서 비롯한다는 것을 이론화했다는 점이다.

어떤 이들은 칸트의 도덕철학이 구체적인 상황 속에서 우리가 어떻게 행위해야 하는가에 대해서는 별로 말한 점이 없기 때문에, 실질적인 내용이 결여된 형식주의로 흘렀다고 비판하곤 한다.

그러나 이러한 비판들은 칸트 실천철학의 논의를 충분히 이해하지 못한 데서 기인한다. 앞에서도 논했지만, 그의 도덕 이론을 자세히 검토하여 보면, 그의 이론은 어떠한 개별적 상황에도 적용 가능하다는 것을 알 수 있을 것이다. 물론 경우에 따라서는 그 가능성에 대한 견해가 서로 대립될 수도 있겠지만, 그것은 서로 간의 충분한 대화, 논의의 과정을 거침으로써 해소될 수 있다.

또 칸트의 도덕이론이 엄숙주의에 빠졌다는 비판도 있다.

개연적 상황에 따른 감정 요소가 결여되어 있다는 것이다. 그러나 이러한 비판도 칸트의 이론을 제대로 이해하지 못한 경우에서 비롯한다고 볼 수 있다.

인간을 근본적으로 도덕적 이성을 본질로 하는 존재로 보는 칸트철학은 개별적 감정을 배제하고 보편적인 정언명법에 따라야 한다고 보는 관점에서 오히려 모든 인간의 존엄성을 평등하게 인정하며 고양시키는 장점이 있다. 그리고 이러한 면에서 볼 때, 칸트의 도덕 이론에는 고차원적인 도덕감정이 포함되어 있다. 칸트가 말하고 있는 근원적인 도덕법에 대한 '외경심'은 단지 법칙 자체에 대한 엄숙주의라기보다, 인간 자신의 존재에 대한 외경의 감정에서 유래한다. 그리고 이러한 감정은 도덕법에 대한 일회적 인식에 의해 형성되는 것이 아니라, 그 도덕법을 실천으로 옮기도록 스스로의 마음에 촉구함으로써 점점 깊어지는 성질을 지닌다. 그리하여 칸트는『도덕형이상학정초』에서 "너의 준칙(구체적인 경우의 개인의 의지)이 보편적인 법칙이 될 것을 네가 동시에 원할 수 있는 그러한 준칙에 따라서만 행위하라"고 말하고 있는 것이다.

이론철학의 대상으로서의 자연과 실천철학의 대상으로서의 자유, 두 가지 영역에 관하여 칸트는 자신의 비판적 선험철학을 정초함으로써 서양 철학의 역사에서 우뚝 올라서게 되었다. 칸트 자신에게 이 두 작업은 인생의 중요한 시기를 바친 웅대한 작업이었다. 칸트는『실천이성비판』말미에서 이러한 의미를 다음과 같이 표현하고 있다. "(우리가) 종종,

그리고 지속적으로 생각하면 할수록, 언제나 새롭고 점점 커지는 경탄과 공경심으로 마음을 가득 채우는 두 가지가 있다. (그것은) 내 위의 별이 빛나는 하늘(자연)과 내 안의 도덕법칙(자유)이다."

아름다움과 인간

칸트 이전, 이성론 철학기까지 형이상학은 서양 철학에서 중심 문제였다고 할 수 있다. 우리의 인식 능력이 어떠한지와는 관계없이 세계가 일정한 근본 요소 및 구조로 이루어져 있다고 전제하고 나서, 이 세계를 어떤 방식으로 인식할 수 있는가에 대해 논의하는 것이 주요 흐름이었던 것이다.

그러나 비판기 이후의 칸트는 형이상학적 존재론에 물음을 갖기 보다는 인식 구조를 반성하는 방향으로 탐구해 나갔다. 우리 자신의 인식 구조에 대한 명확한 인식 없이 이 세계 자체에 대해 논하는 것은 자칫 밑바탕이 부실한 고층건물을 쌓는 것과 같기 때문이다. 칸트는 종래의 철학 이론들을 모두 괄호 속에 집어넣고, 우리가 과연 무엇을 어디까지 인식할 수 있는가를 반성했다. 그리고 우리의 인식 능력은 어떠한 구조로 이루어져 있는가에 대해 반성했다. 반성한다는 것은 시각을 밖에서 다시 안으로 돌려, 밖을 바라보는 눈 자체를 성찰한다는 뜻이었다. 즉 대상을 인식하는 마음을 다시 되돌아본다는 의미에서 칸트는 '비판'이라고 표현했다.

대상을 인식하는 우리 자신의 능력을 비판하는 작업은 크게 세 가지로 나뉜다. 학문 및 문화에 대한 서양 전통의 고전적 분류라고 할 수 있는 진·선·미 개념에 따라, 그 작업은 『순수이성비판』 『실천이성비판』 『판단력비판』이라는 명칭으로 표현된다.

칸트는 이 세 권의 비판서를 통해서 우리가 선험적으로 인식할 수 있는 세 영역, 즉 진·선·미를 체계화했다.

앞에서는 대상의 객관적 법칙의 인식 문제(진)와 올바른 행위 법칙의 인식 문제(선)에 대해 논했다. 이제 법칙의 세 번째 영역인 미의 법칙의 인식 문제에 대해 고찰하기로 한다.

대상의 법칙 및 도덕적 행위 법칙과는 달리, 미의 법칙에 대해서는 더욱 의견이 분분하다. 아름다움을 느끼는 감정은 사람마다 다르기 때문에, 아름다움을 법칙으로 만들 수 없다는 견해도 많다. 그리고 진 및 선과는 다르게, 미는 독립적인 분야로 보기 어렵다는 견해도 있다. 독립적인 미학 이론은 18세기에 이르러서야 형성된다. 바움가르텐(Baumgarten, 1714~1762)은 미학의 대상을 순수한 사유의 대상이 아닌 지각에 적합한 그런 종류의 완전성을 탐구하는 것으로, 그것은 저급한 인식이지만 자율적이고 독자적인 법칙을 소유하고 있으며, 그렇기에 미학을 '감성적 인식의 학문'이라고 불렀다.

칸트는 17~18세기에 토대를 두고, 미학 사상을 더욱 창조적으로 발전시켰기에, 인식론, 존재론, 그리고 윤리학 분야 못지않게 미학 이론에서도 위대한 개척자로 인정받고 있다.

미학 이론은 비록 독립적인 이론으로서는 아닐지라도 이미 플라톤과 아리스토텔레스 때부터 있었으며, 서양뿐만 아니라 동양에도 있었다. 자 그렇다면, 칸트 미학 사상의 독창성, 위대성 그리고 현대성은 무엇인가?

서술한 바와 같이 칸트는 존재론 중심의 탐구라는 이전의 방식과는 다르게 인식론 중심의 탐구로 전향했다. 이와 같이 방향을 바꾼 이유는 자신의 능력을 명확히 알지 못한 채 이 세계를 말하는 것이 자칫 공허해지기 쉽기 때문이었다. 비판기에 들어선 칸트는 자신의 철학을 새로운 반석 위에 세우기 위해 우리의 능력이 무엇인지 그리고 그 능력의 성질이 어떠한 것인지에 대해 새로이 고찰하기 시작한다.

이러한 연구 제목을 시사적으로 보여주는 것이 바로 칸트의 세 비판서인 『순수이성비판』『실천이성비판』『판단력비판』이다. 대상세계를 탐구하기 전에 우선 우리의 인식 능력인 이론이성, 실천이성, 그리고 판단력을 검토해야 한다는 것이 그의 생각이었다.

『순수이성비판』은 우리가 자연을 지각, 인식함에 있어서 어떠한 법칙에 따라, 어떠한 능력에 의해 수행하는지를 논하며, 『실천이성비판』은 우리의 바람직한 행위 법칙이란 어떠한 것이며, 또 그러한 법칙을 인식해 그러한 법칙에 따라 판단하는 능력은 무엇인지에 대해 논하고 있다. 흔히 말하는 진과 선의 문제가 『순수이성비판』과 『실천이성비판』에서 논의되고 있는 것이다. 우리의 인식 문제에서 또 하나의 중요한 영역인 미의 문제는 『판단력비판』에서 논하고 있다.

미 판단의 특징

판단력이란 무엇이며 판단력과 미 인식은 어떠한 관계를 갖고 있는가?

우리가 어떤 사물 및 사태를 지각할 때마다 언제나 판단 작용이 일어난다. 내가 지금 책상 위의 꽃병을 보고 있다고 하자. 이때 나는 책상 위의 어떤 물체가 꽃병이라고 생각한다. 즉, 어떤 개체를 꽃병이라는 보편 개념에 귀속시키는 과정이 발생하는 것이다. 이것이 바로 판단작용이다. 판단작용은 우리가 대상을 지각할 때 우리의 의식 속에서 일어나는 과정이다. 다시 말해서 우리가 어떤 사물 및 사태를 지각할 때마다 반드시 판단작용이 일어나는 것이다.

칸트는 이와 다른 방식의 판단에 대해서도 논의한다. 어떤 사물 및 사태를 지각할 때는 개별적 경우를 보편 개념에 귀속시키는 형태의 판단이 일어나며, 칸트는 이것을 '규정적 판단'이라고 이름 짓는다. 이에 비해, 어떤 개별적 사태에 대해 보편 개념을 추적해가는 방식의 판단이 있다. 칸트는 이러한 것을 '반성적 판단'이라고 부른다. 예를 들면, 지금 내 앞에 있는 어떤 꽃이 매우 아름답게 느껴진다고 하자. 이때, 내 앞에 있는 어떤 꽃이라는 개별적인 경우를 '아름답다'고 하는 보편적 개념에 귀속시키게 되는 것이며, 칸트에 따르면 어떤 것이 '아름답다'고 생각되는 궁극적 근거는 자연의 합목적성에 있다고 보았다. 즉 자연의 전 체계는 어떤 하나의 통일적인 방향(의도 및 목적)에 따라 만들어진 것인데, 자연의 사물이 아름답게 느껴지는 이유는 그 통일적인 방향에 상응하기 때문이라는 것이다. 자연의 통일적인 방향 및 체계 또는 자연 창조의 목적을 생각해내는 마음의 성향에서 나오는 것이 반성적 판단이다.

규정적 판단과 반성적 판단의 차이는, 규정적 판단은 어떤 개별적 사태를 이미 확정되어 있는 보편 개념에 귀속시키는 작용이라면, 반성적 판단은 어떤 개별적 사태가 속한다고 생각되는 보편 개념을 반성적으로 찾아가는 작용이라는 데 있다. 이렇게 해서 찾아내는 개념은 이미 확정되어 있는 개념들 중의 하나가 아니다. 반성적 판단은 그때그때 개별적 경우에 대해 가능한 보편 개념을 비로소 찾아내야 하는 성격의 판단이다.

칸트는 어떤 사물에 대해 아름다움을 느끼는 경우의 판단을 반성적 판단의 예로 본다. '아름답다'는 술어는 다른 보편 개념들과는 성격이 다르다. 다른 보편 개념들은 무수한 사례들의 공통성에 근거하기 때문에 그 무수한 사례들에 무차별적으로, 그리고 동일한 방식으로 적용될 수 있다. 그런데 '아름답다'는 보편 개념의 경우, 이 개념이 많은 경우에 사용된다고 해도, 각 경우의 '아름답다'는 판단은 결코 무차별적인 동일성에 바탕을 둔 판단은 아니다. 표현적으로는 '아름답다'는 술어가 똑같이 사용되더라도, 각 경우의 '아름답다'는 판단은 사실은 서로 다른 판단들이다. 다시 말해서, 각 경우의 '아름답다'는 느낌은 그때그때의 경우에 따라 다르게 느껴지는 개별적인 느낌인 것이다. 단지, 술어의 빈약함 때문에, 이 경우에도 저 경우에도 '아름답다'는 술어를 사용할 뿐이다.

반성적 판단으로서의 미 판단의 특징은 무엇이고, 칸트철학에서 미 판단은 어떤 위치에 있나? 더 나아가 미 판단과 인간 존재간의 근본적 관계는 무엇인가?

칸트가 『순수이성비판』을 처음으로 세상에 내놓을 때만 해도 미 판단은 필연적·선험적 인식으로 생각하지 않았다. 무엇이 아름답다고 생각하는 우리의 마음은 순전히 주관적인 느낌이기 때문에, 그 마음은 경우에 따라 다를 수 있다. 이러한 주관적인 마음에서 객관적 법칙을 이끌어낼 수 없으며, 또한 그러한 마음에는 필연성도 선험성도 없다고 칸트는 생각했다. 미 판단은 단지 경험적 지각일 뿐이라는 것이다.

그러나 『순수이성비판』 재판의 한 각주에서 칸트는 종래와 다른 시각을 드러내고 있다.[1] 지금까지 미학을 단지 경험적·심리적 지식으로 간주했으나 어느 순간 미학이 선험적 학문이 될 수도 있음을 언급한 것이다. 그리고 『순수이성비판』 재판이 출간되고 3년 후인 1790년, 선험적 학문으로서의 미학 및 목적론을 정초한 『판단력비판』을 세상에 내놓는다.

칸트는 이 책에서 미 판단을 사물 및 사태에 대한 판단과 구분하고 있다. 사물 및 사태에 대한 판단의 경우에, 우리는 우리가 이미 알고 있는 일정한 개념 내지 명제와의 관계에서 판단한다. 예를 들어 내가 어떤 물체를 보고 '사과'라고 생각할 때, 나는 이미 사과란 어떤 것인지를 알고 있어야 하며, 길 위에 물이 얼어있는 것을 보고 오늘의 날씨는 0도 이하구나라고 생각하는 경우에, 나는 '물은 0도 이하가 되면 물이 언다'는 사실을 이미 알고 있어야 한다.

어떤 사실에 관해서 판단할 때 우리는 그 사실을 우리가 알고 있는 보편 개념 및 판단과의 관계에서 판단하기 때문에 이러한 판단은 객관적 판단이라고 할 수 있으며, 칸트는 『판단력비판』 앞부분에서 이러한 판단을 '논리적 판단'이라고 지칭했다.

미 판단은 근본적으로 논리적 판단과 다른 성질을 갖고 있다. 어떤 대상을 지각하면서 아름다움을 느끼는 현상은 논리적(객관적) 판단의 경우처럼 우리가 이미 알고 있는 보편 개념 및 판단과의 관계에서 일어나는 현상이 아니다. 그 느낌은 우리 마음의 주관적 움직임이다. 물론 나의 마음 바깥의 어떤 대상(자연풍경, 그림, 음악 등)과의 관계에서 일어나는 마음의 움직임이기는 하지만, 이 움직임은 그 대상에 대한 논리적(객관적) 규정에 의해 비롯되는 것이 아니다. 마음의 그러한 움직임은 마음 내부에서 일어난다. 칸트는 『판단력비판』에서, 마음의 이러한 변화 과정을 통해서 나타나는 판단을 취미판단이라고 표현한다. 취미판단은 여기에서 미적 현상에 관한 판단 일반을 일컫는다.

취미판단은 어떤 대상과의 관계에서 느끼는 만족감 및 기분 좋음을 동반하지만, 이 기분은 도덕적 행위의 결과로 느끼는 기분 좋음이나 단순한 감각적 즐거움과는 구별된다.

도덕적 행위에 대한 의도나 감각적 욕구에는 개개인의 각기 독특한 관심이 포함된다고 칸트는 생각했다. 어떤 행위가 도덕적 행위라고 판단하면 그러한 행위를 하려고 노력하며, 실제로 그렇게 했을 때는 기분 좋음을 느끼는 데 비해 그렇게 행하지 못했을 때는 자책감을 느낀다. 도덕적 행위 문제와의 관련에서 우리는 이미 어떤 방향으로 행하고자 하는 '관심'을 갖고 있다.

그리고 감각적 욕구를 일으키는 대상들 및 상황들은 그 자체가 우리의 이기적, 본능적 '관심'과 연관되어 있다.

그에 비해 아름다움을 느끼는 감정은 '무관심적' 만족감이다. 이 경우의 만족감은 만족감을 느끼는 당사자가 이전부터 이미 갖고 있던 그 어떠한 관심과도 무관하다. 어떤 대상을 지각하는 순간 아름답다고 느끼며 기분이 좋아지는 것이다. 이때 아름답다는 판단과 기분 좋은 감정은 동시에 일어나는 마음의 현상이다. 칸트는 어떤 대상에서 아름다움과 기분 좋음을 느끼는 우리의 마음을 '무관심적 만족감'이라고 부른다.

이러한 미에 대한 견해는 오늘날 우리에게도 친숙한 견해가 되었다. 다른 어떤 목적이나 관심이 배제될 때 참다운 예술 창작이 가능하고 감상자 또한 일체의 주관적 관심 및 욕구를 배제할 때 진정한 아름다움을 느낄 수 있다는 것이다. 이것은 순수미 및 순수예술의 관점이다.

놀이로서의 미적 감정과 취미판단

그러나 순수미와 순수예술의 관점은 미 내지 예술에 대한 관점으로 결코 당연한 것이 아니다.

동양에서는 예로부터 예술창작 및 예술감상이 정신 수양의 하나의 방편이기도 했다. 동양인들은 대체로 예술과 자연과 인간을 서로 연결선상에서 생각하는 전통을 갖고 있었다. 인간과 자연은 서로 분리될 수 없는 존재이며, 예술은 자연 속의 인간의 삶을 더욱 고양시킬 수 있는 고차원적 방법이라는 것이다.

서양에서도 근대 이전의 예술은 자연을 모방한다든가 신의 이념을 모방한다든가 혹은 정신세계를 모방한다든가 하는 의미에서 예술 외 어떠한 목적에 봉사하는 역할을 하였다. 또한 예술을 통해 인간은 자신의 정신생활을 고양시킬 수 있다고 보았으며, 예술창작을 신에 대한 찬양 및 헌신의 방법으로 생각했다. 그리고 현대에는 가다머(Gadamer, 1900~2002) 등의 예술론이 보여주듯이, 예술 창작 및 감상은 인간의 실천·역사적 삶과 분리해서 볼 수 없다는 이론도 커다란 역할을 하고 있다.

칸트의 취미이론은 이러한 미학 및 예술철학의 견해와 근본적으로 구분된다. 칸트에 따르면, 우리가 자연에서나 예술작품에서나 진정한 아름다움을 느낄 수 있는 경우는 다른 관심 및 목적을 배제하고 오로지 그 대상 자체에만 몰입해서 순수한 형식미를 느낄 때이다.

그러한 순수한 형식미는 어떤 경우에 느끼는가? 『판단력비판』에서 칸트는 이것을 상상력과 오성(지성: 대상을 인식하는 능력)의 관계로 논한다.

어떤 것을 아름답다고 느끼는 순간, 우리의 상상력은 자유의 나래를 편다. 상상력은 자유로움을 본질로 한다. 그런데 상상력이 무한히 앞으로 펼쳐지기만 할 뿐 어떠한 생각으로도 맺어지지 못한다면 우리는 만족감을 느끼지 못할 것이다. 칸트의 견해에 따를 때, 우리가 어떤 대상에서 아름다움을 느끼는 동시에 기분이 좋아지는 것은 자유로운 상상력이 오성의 생각에 저절로 맞아떨어지기 때문이다. 상상력이 자유로이 활동하는 능력이라면, 오성은 개념 및 법칙을 생각하는 능력이다. 아름다움을 느끼는 경우에, 상상력은 자유로운 능력이기 때문에 어떠한 것도 의식적으로 의도하지 않으며, 오성 능력은 자신의 규정적·보편적 개념을 상상력에게 강요하지 않은 가운데, 상상력과 오성의 활동이 저절로 일치하게 되는 것이다. 상상력과 오성이 저절로 일치할 때 우리는 일종의 만족감을 느끼게 된다고 한다.

칸트의 이론에서 볼 때 아름다움을 느끼는 우리의 마음 상태는 결코 사고 능력의 개념적 활동에 의한 것이 아니다. 개념적 사고는 직접적 느낌과 근본적으로 다르다. 개념적 사고는 단계적 절차를 거치는 간접적 인식 활동이기 때문이다. 우리가 무엇을 지각한다고, 혹은 어떤 사실을 안다고 말할 때 이것은 반드시 간접적 사고 과정을 통과한다.

그에 비해 아름다움을 느끼는 마음은 간접적이거나 단계적 사고 과정이 아니라, 직접적 느낌(감정)에서 비롯한다. 그런데 이 때의 직접적 느낌에는 기분 좋은 마음이 동반한다. 칸트는 이러한 동반관계를 '상상력과 오성의 자유로운 일치'라는 관계에 의해 설명한다.[2] 상상력을 오성이 자신의 규정된 사고에 의해 강제하는 것이 아니라, 상상력이 자유로이 운동하는 가운데 저절로 오성에 합치하는 경우가 아름다움과 더불어 만족감을 느끼는 경우라는 것이다.

칸트는 이것을 『판단력비판』에서 '놀이(Spiel)'라는 개념을 통해서 논하기도 한다. 놀이는 노는 것이고 노는 이유는 즐겁기 때문이다. 놀이의 본질이 고통이라면 사람들은 놀려고 하지 않을 것이다.

예술창작 및 예술감상은 본질적으로 놀이의 소산이다. 이미 확립된 개념체계 및 이론체계의 토대 위에서, 일정한 사고 규칙에 따라서만 예술행위를 수행해야 한다면 진정한 예술작품도 예술감상도 가능하지 않을 것이다. 예술행위가 놀이인 이유는 이 행위는 우리 능력의 자율성, 독창성, 창의성의 바탕

위에서 이 능력들이 원하는 대로 논리에 의한 것이 아닌 기분에 따라 수행되기 때문이다.

그렇지만 놀이에도 규칙이 있다. 일체의 규칙 없이 무법천지로 행한다면 놀이는 재미를 잃게 되고 폭력적인 행위로 될 것이다. 놀이가 재미있는 행위가 되려면 규칙을 따라야 한다. 그렇지만 놀이의 규칙은 논리적인 사고 법칙의 규칙 같은 것은 아니다. 전체적인 틀을 지키되 그 틀 안에서 자유롭게 놀 때 놀이는 재미있는 놀이가 된다. 예술은 이와 같은 놀이이다.

예술창작 및 예술감상이라는 놀이에서 상상력과 오성 두 능력이 서로 조화를 이룰 때 우리는 기분이 좋아진다. 더불어 이때 아름다움을 느낀다. 그리고 앞에서 말했듯이 이 때의 아름다움은 형식미이다. 다시 말해서 대상의 질료적·경험적 내용미가 아닌 것이다.

칸트 미학에서 형식미는 우리 주관의 능력(상상력과 오성)이 어떤 대상을 계기로 해서 느끼게 되는 미이다. 형식미는 그 대상에 대한 지식에 근거를 둔 것이 아니라 우리 마음의 활동에 연유한다. 물론 이러한 활동이 발생하는 데에는 대상의 역할이 필요하다. 그러나 그 대상은 우리 마음을 자극하는 계기가 될 뿐, 아름다움의 본질을 이루는 것은 아니다.

예술 및 문화 현상을 놀이 개념에 의해 설명하려는 시도가 칸트 이후 호이징하(Huizinga, 1872~1945, 네덜란드 문화역사가이자 철학자)[3] 및 가다머[4] 등에 의해 이루어졌다. 이들은 칸트의 이론에서 더 나아가 놀이 현상을 인간의 주관적인 면과 객관적인 면을 통일하는 복합적 체험 현상으로 설명하는 이론으로 발전시켰다. 이들의 이론에서 놀이 현상은 놀이하는 주체와 놀이 대상의 구분을 넘어서는 하나의 통일적 현상을 말한다.

통일적 마음 현상으로서의 미와 숭고

다시 칸트로 돌아가자. 칸트철학에서 미학의 위치는 어떠한 것인가?

『판단력비판』을 통하여 칸트는 미학을 선험적 학문의 대열에 올려놓게 된다.『순수이성비판』을 통해서 대상 인식에 관한 선험적 이론철학을 정립하고,『실천이성비판』에 의해서 선험적 도덕철학을 정초한 이후, 칸트는 이제 선험적 미학이론도 정초하게 된 것이다. 이렇게 해서 칸트는 우리 마음의 진·선·미 현상을 선험적 인식 이론으로 체계화했다.

그러면 칸트는 인간의 마음 속에서 미를 느끼는 마음의 역할을 어떠한 것으로 본 것일까?

칸트의 견해에 따르면 인간은 자연법칙과 도덕법칙이라는 완전히 성질을 달리 하는 두 가지 법칙에 의해 분열된 존재이다. 그럼에도 불구하고 각 개인은 '하나의' 인간이다. 현실적으로는 이러저리 헤매기도 하지만, 그래도 하나의 통일적인 삶의 방향을 지향하는 존재이다. 그리고 인간은 인간 및 자연이 하나의 통일적 법칙에 의해 생겨났을 것이라고 생각하는 성향을 가지고 태어났다.

『판단력비판』에서 칸트는 우리의 분열된 두 개의 마음을 하나로 통일하는 작업을 한다. 이러한 작업은 아름다움 및 숭고를 느끼는 마음과 목적론에 대한 논의를 통해서 수행된다.

아름다움 및 숭고함을 느끼는 우리의 마음과 목적론적 사고에 대한 논의는 마음의 통일 현상 및 이 세계의 통일 현상을 설명해주고, 이론철학과 실천철학의 종합 및 통일에 대한 견해를 밝혀준다.

숭고를 느끼는 마음 현상은 아름다움을 느끼는 마음 현상과 비슷한 과정을 거친다. 숭고의 감정에서도 상상력이 중요한 역할을 한다. 자연의 어떤 현상 – 특히 엄청나게 큰 자연 광경 및 압도적으로 위대한 심성을 지닌 인물 등을 생각해보자 – 을 보는 즉시 우리의 상상력은 자유로운 활동을 시작한다. 그러나 그 현상이 우리의 상상력 안에 담기에 너무 클 때 우리의 마음은 일종의 고통을 느낀다. 그러나 그 압도적인 현상이 우리들을 위험에 빠뜨리는 대상이 아니라면 우리는 일종의 안심을 느끼면서 점차 감동을 느끼게 된다.

그런데 칸트의 설명에 따르면, 이 때의 감동(숭고의 감정)은 상상력과 이성5)이 합치됨으로써 발생한다고 한다. 당장은 자연 현상의 엄청난 크기가 인간의 상상력을 무력하게 만듦으로써 일종의 불쾌감 및 공포감을 유발하지만, 어느 순간 이 불쾌감 및 공포감은 사라지고 새로운 만족감을 느끼게 된다. 그 이유는 상상력과 이성이 저절로 일치하기 때문이라고 한다.

상상력과 이성의 이러한 합치는 인간이 이미 자신 속에 지니고 있는 본질에 의해 가능하게 된다. 상대적인 관점에서 보면 인간은 이원적 존재이지만, 절대적인 관점에서 칸트의 입장에 따를 때, 인간은 하나의 통일적 방향을 향하고 있다.

'절대적'이라는 말은 상대적 시간을 배제한다는 뜻이다. 인간은 어느 순간(거의 시간이 멈춘 듯한 시간) 절대적 존재가 되기도 하는데, 그런 순간에 인간은 경험적·일상적 인간으로서는 불가능한 행위를 하기도 한다. 그 순간에는 자연법칙에 종속되는 인간성은 전혀 역할을 하지 못하게 된다.

숭고의 감정을 느끼는 순간 인간은 세계─자연세계든 초자연적 세계든─의 통일적 법칙과 연결된다. 그리고 이러한 의미에서 칸트의 숭고 이론은 목적론과 연관되어 있다.

칸트철학에서 이 세계는 결국 절대적 통일법칙에 의해 설명된다. 자연 속 인간은 자연법칙과 도덕법칙이라는 두 개의 법칙에 의해 분열된 존재이지만, 궁극적으로는 하나의 법칙에 종속되는 것이다.

칸트는 상상력과 오성의 통일 작용에 의해 아름다움을 느끼는 마음이나, 상상력과 이성의 통일 작용에 의해 숭고의 감동을 느끼는 마음이나 모두 하나의 궁극적 이념에 합치한 마음 현상이라고 생각했다. 칸트는 하나의 궁극적 이념이라는 목적이 이 세계를 규제·통제하고 있다고 여겼던 것이다.

『판단력비판』 서론에서도 말하고 있듯이, 칸트는 자연 개념과 자유 개념을 매개할 어떤 요소를 필요로 했다. 그 매개 역할을 칸트는 아름다움, 숭고, 합목적성의 의미에서 찾은 것이다.

이렇게 볼 때 칸트철학에서 미학의 위치는 단순히 진·선·미 세 가지 중의 하나의 요소가 아니다. 진과 선을 매개 내지 통일하는 더 높은 차원의 요소인 것이다.

칸트의 이러한 입장은 현대적 관점에서 볼 때도 선견지명이라고 할 수 있다. 오늘날 우리 사회에서도 미래적 세계관의 시각에서, 자연과학적인 근대적 학문 방법론을 비판하기도 한다. 자연의 존재를 주관과 객관으로 구분하고, 정신적 존재와 물질적 존재로 구분하고, 인간의 마음을 진·선·미 및 감각적 마음 등으로 확연히 구분하는 것을 사람들은 비판하고 있다. 근대의 자연과학적 사고가 주도적이었을 때는 계산적 지능지수(Intelligence Quotient)만을 필요충분한 인간의 능력으로 보았다면, 오늘날에는 그러한 사고를 비판하면서, 종래와 다른 능력도 요구하고 있다. 그것은 이제는 보통명사로 자리 잡은 감정지수(Emotion Quotient)이다. 그러나 이때 감정지수가 중요하다고 해서 종래의 지능지수가 하찮다는 것은 아닐 것이다. 인간을 하나의 통일체로 볼 때 지능과 감정이 잘 구비된 인간이 더 바람직한 인간상이라는 뜻일 것이다.

그리하여 서양의 합리적 이성 대신 감성적(심미적) 이성6)이 회자되기도 한다. 감성과 이성은 언뜻 모순되는 것으로 생각되지만, 현실의 인간과 자연 자체는 감성과 이성이 나뉘어 있지 않기 때문에, 사실은 모순된 것이 아니다. 감성과 이성이 서로 모순된다고 생각하는 것은 인간 마음의 성향에서 기인할 뿐이다.

이러한 관점에서 생각할 때 칸트는 『판단력비판』에서 인간의 마음 및 세계의 통일 이념을 논함으로써 현대적 인간관 내지 세계관의 지향점을 제시했다고 볼 수 있다. 미와 숭고의 마음은 감성과 이성이 만나는 하나의 통일적 현상을 직접적으로 보여주는 예인 것이다.

감정과 인간

세 권의 비판서를 통해 볼 때 칸트의 주요 관심이 우리의 '선험적' 인식을 정초하고, 체계화하는 데 있다는 것을 알 수 있다. 인간의 우연적 속성들에 대한 문제는 그에게 부차적일 수밖에 없었다. 어찌 생각하면 칸트는 그러한 우연적 속성들에 대해서는 거의 관심이 없었다고 말할 수 있다.

그러나 이러한 이해에 대해서는 긍정적인 대답과 부정적인 대답 둘 다 가능하다.

우선 긍정적인 반응에 대해 말해보자. 칸트는 비판기 이후 철학을 근본적인 원리의 바탕 위에 통일적인 학문체계로 정초하는 일에 커다란 관심을 갖고 있었다. 이러한 목적에서 칸트는 기존의 다양한 학문체계들을 비판적으로 검토하고 새로운 학문체계를 위한 원리를 확립했다. 그러한 원리는 세 비판서에서 공통적으로 '선험적 종합판단'으로 표현되었다. 나아가 선험적 종합판단의 체계는 형이상학이 되었다.

그런데 앞에서 말했듯이 『판단력비판』은 칸트의 이론철학과 실천철학을 매개·종합하는 과제를 수행하기 때문에, 『판단력비판』에서 다루는 미, 숭고, 합목적성의 문제는 별도의 형이상학을 성립시키지 않는다. 이에 비해 이론철학과 실천철학에 대해서는 형이상학이 가능하다. 칸트는 『순수이성비판』 재판의 머리말[7]에서 자신이 이론철학으로서 '자연형이상학'을 그리고 실천철학으로서 '도덕형이상학'을 정초할 것을 예고하고 있다. 칸트는 우선 '비판' 작업을 하고 나서 이 토대 위에 '형이상학'[8]의 체계를 정초하고자 했다. 그의 최종 목표는 비판철학에 토대를 둔 형이상학이었던 것이다. 다시 말해서 객관성, 필연성, 선험성에 근거한 존재론을 정립하는 것이 칸트의 주요 관심사였다고 말할 수 있다.

이러한 관심의 방향에서 우연적인 문제들이 중요한 위치를 차지하기는 어려운 일이다.

그러나 다른 한편으로 칸트는 인간의 다양하고 우연적인 현상들에 대해서 관심을 보이기도 한다. 우리는 곳곳에 펼쳐진 그의 말을 통해서 그가 세 권의 비판서를 완성한 선험철학자의 이름에 어울리지 않을 정도로 일상적 섬세함을 지닌 사람이라는 것을 읽을 수 있다.

언뜻 생각하기에 원리에 포함될 것 같지 않은 감정의 문제에 대해 칸트는 어떻게 생각했을까? 개별적 감정은 단지 일시적이자 우연적인 현상일까, 아니면 감정도 결국에는 선험적 원리에 속하는 현상일까?

우리 마음에서 감정의 위치

우리의 삶에서 감정은 사실 커다란 부분을 차지한다. 사람들은 흔히 아리스토텔레스의 정의에 동조해서 인간은 이성적인 동물이라고 말한다. 그러나 곰곰이 생각해볼 때, 이성이 어느 정도의 주도적 역할을 할까 하는 문제에 이르게 되면 그것에 대한 답이 그리 단순하지 않음을 알게 된다. 우리가 처한 상황이 순탄할 때 우리는 대체로 이성적으로 생각한다. 그러나 그렇지 않을 때, 예를 들어 개인적인 혹은 사회적인 차원에서 비정상적으로, 비상식적으로, 부당하게 진행될 때 우리의 마음은 동요를 일으킨다. 사리에 따라 논리적으로 생각하는 마음보다 즉각적인 감정이 더 커다란 역할을 하게 되는 것이다.

칸트는 인간의 마음을 근거로 인간과 인간 이외의 자연 존재를 구분한다.

앞에서도 말했듯이 칸트는 인간을 이원적인 존재로 본다. 근원적 본질의 면에서 볼 때 인간은 자연의 본성과 이성이라는 두 가지의 서로 구별되는 본성을 지닌 존재이다. 그리고 자연의 본성에 귀속되는 현상은 신체적 자연과 심리적 자연이다.

신체뿐만 아니라 심리 현상까지도 자연에 귀속되는 이유는,

인간이 신체를 지닌 존재이기 때문에 자연법칙에 따라 저절로 (自) 그렇게(然) 되기 때문이다. 배고플 때 마음이 초조해진다든지, 원하는 바를 얻게 되었을 때 기쁘다든지, 가까운 사람을 잃었을 때 슬프다든지 하는 심리는 자연법칙에 귀속되는 마음이다.

만일 인간이 신체적 존재가 아니고, 오로지 순수정신의 존재라면, 그러한 경우에도 인간은 현재와 같은 슬픔을 느낄까? 우리는 흔히 신체와 마음을 본질적으로 구분하곤 한다. 그러나 위가 비었을 때 배가 고프고, 배가 고프면 짜증이 나는 현상은 결국 인간이 신체를 가진 존재이기 때문에 가능한 것이다. 그리고 가까운 사람을 잃었을 때 생기는 몹시 슬픈 마음의 현상 또한 인간이 신체를 지닌 존재라는 사실에서 기인한다.

칸트철학에서는 감성(Sinnlichkeit, sense)과 감정(Gefühl, feeling)의 의미를 구분해야 한다. 감성이든 감정이든 자연 존재로서의 인간에게 속하는 것이기는 매한가지이지만, 그 기능의 성격에서는 차이를 보이기 때문이다.

칸트는 『순수이성비판』에서 자연 인식의 구조를 논하고 있다. 자연 인식에서는 감성과 오성의 역할이 중심적이다. 그런데 감성과 오성이 기능을 시작하기 위해서는 이 두 능력의 '바깥에서' 재료가 주어져야 한다. 감성과 오성의 마음 '바깥의' 재료는 물체적인 것일 수도 있고 심리적인 것일 수도 있다. 물체적인 재료나 심리적인 재료가 우리의 마음을 자극(촉발)하면 감성형식인 공간형식 및 시간형식이 작동한다. 공간형식 및 시간형식에 의해 외부로부터 주어지는 재료를 가공하여 받아들이며, 사고형식인 오성은 자신의 범주(근본적 사고틀)에 따라 이 재료를 또 다시 가공한다. 다시 말해서 오성은 감성에 의해 받아들인 재료를 자신의 형식에 따라 다시 줄을 맞추는 것이다.

물체적 자연 인식에 대해서는 위의 공식이 용이하게 적용되며, 그러한 적용에 의해 객관적 인식이 이루어진다. 이렇게 해서 이루어지는 것이 바로 물체 지각 영역이다. 물체 지각을 우리는 흔히 감각(sensation)이라고도 부른다.

그런데 심리 현상의 문제는 위에서 말한 칸트의 자연 인식 공식이 적용되기 어려운 부분에 있다. 심리 현상은 물 흐르듯이 흘러가기 때문에 동일한 형태의 모습으로 포착하기가 매우 어렵다. 물체적 현상은 적어도 어느 시간 동안 일정한 지속성을 보여주는 데 비해, 심리적 현상은 시시각각 변화하기 때문에 거기에서 어떤 일정한 법칙성을 이끌어내기가 어렵다는 것이다.

엄밀한 의미에서는 나 자신의 마음을 느끼는 것도 지각 및 감각에 포함된다.[9] 나의 마음에 대한 감각, 지각이 바로 기쁘고, 화나고, 슬프고, 두렵고, 사랑하고, 미워하고, 무엇을 바라는 마음들(喜怒哀懼愛惡欲)이다. 이 외에 신체적인 통증을 포함한 고통, 불안·초조, 실존의 감정, 질투·시기심 등이 추가될 수 있다.

자신 및 타인의 마음을 느끼는 것을 우리는 감정이라고 부른다. 물체 지각이 외적 지각이라면, 심리 지각은 내적 지각이며, 내적 지각이 바로 감정인 것이다.

『순수이성비판』에서 칸트는 심리적 현상도 넓은 의미의 자연에 포함시키지만, 심리적 자연 현상을 법칙화하기 힘들다는 이유로 적극적으로 다루지는 않았다. 그에 비해 인간학에 관한 저술, 교육에 관한 저술 그리고 『도덕형이상학』 등에서는 경험적인 심리 현상에 대해 꽤 세심한 관찰력을 보여준다.

물체 지각 및 심리 지각에 이상이 있을 때 우리는 일상생활을 하기 힘들다. 일상생활에서 내 앞의 물체를 지각하지 못한다거나 다른 사람들의 마음을 알아차리지 못한다면, 자신의 목표조차 성취할 수 없을 것이다. 나의 현실적 목표는 남과의 관계에서, 내 주위의 물질적 요인들과의 관계에서만 성취 가능한 것이기 때문이다.

칸트는 인간의 존엄성을 절대적 자유의지의 능력에서 얻는다고 했으나 현실의 일상적 삶에서의 성취를 도외시할 수 없었다. 아니, 도덕적 존엄성을 지향하는 삶을 영위하기 위해서도 일상생활에서 자연적인 심리상태와의 조화를 꾀하는 일은 중요할 수밖에 없었다.

감정과 인격

이렇게 볼 때 칸트의 비판철학에서는 감정의 문제도 매우 중요하다. 감정을 잘 다스림으로써 이성이 제 기능을 발휘할 수 있기 때문이다.

그런데 감정을 잘 다스린다는 것은 쉬운 일이 아니다. 감정은 '직접적으로' 느끼는 능력이다. '간접적인' 사고 능력이 자신의 기능을 단계적으로 밟아 올라가며 적절하게 수행하기도 전에 막무가내로 틈새를 비집고 올라오는 것이 감정의 능력이다. 이성이 우리를 통제할 힘을 잃고 순간순간 감정에 의해 제압된다면, 우리는 다른 존재들과 마찬가지로 자연의 법칙에 종속되는 존재로 전락될 것이다.

이렇게 물질의 법칙에 따르는 존재가 되어버리면, 인간의 존엄성은 구할 수 없게 된다. 왜냐하면 자연법칙은 개개인의 자유의지를 인정하지 않는 필연적인 법칙이며, 필연적인 자연법칙에만 종속되는 인간은 언제나 현재의 물질적·심리적 조건에 구애받기 때문이다.

현재의 물질적·심리적 조건이 어떠하든 그 조건과의 관계를 끊어버리고, 마치 인간이 자신의 절대적 자유의지에 의해 자신을 상승시킬 수 있는 존재인 양 가정할 수 있다는 데에 인간의 존엄성이 있다.

우리의 삶에서 아주 중요한 몇 가지의 경우를 택해, 칸트가 그러한 문제에 대해 어떠한 입장을 취하는지, 또는 취할지 생각해보자.

칸트는 결혼관계를 중시했다. 결혼관계에 의해 남녀의 사랑이 이성의 법칙에 접근하는 삶으로 실현될 수 있다고 생각했기 때문이다. 남녀의 사랑은 칸트의 입장을 고려하지 않더라도 그 자체로 감정의 법칙을 따르는 현상이다. 남녀는 각자의 취향, 관심에 따라 서로 상대방에게 마음이 끌린다. 이와 같이 끌리는 마음의 현상은 이성의 사고법칙에 의해서가 아니라 감정의 법칙에 의해 저절로 기울어지는 마음(경향성: 저절로 기울어지는 마음의 성향)[10]이다. 저절로 상대방에게 기울어지는 경향성의 마음은 시간, 장소에 따라 변하기도 한다. 그리하여 한때 목숨을 바칠 정도로 사랑했다고 생각했던 사람이 어느 순간 마음속에서 흔적도 없이 사라지고, 새로운 대상에게 마음이 기울기도 하는 것이다.

인간이 살아있는 한 이러한 경향성을 완전히 끊는다는 것은 불가능하다. 그리고 어느 정도의 경향성은 삶의 추진력이 되기도 한다. 그러므로 우리가 할 수 있는 최선의 방법은 가능하면 변화무쌍한 마음의 경향성을 안정적이고 보편적인 이성하에 두는 것이다.

이러한 관점에서 생각할 때 끊임없이 변하기 쉬운 연애생활보다 법적 제도를 따르는 결혼생활이 현실의 삶에 연속성 및 안정감을 줄 수 있다. 나아가 결혼관계는 각자의 인격의 존엄성을 보장해줄 수 있는 최소한의 제도이기도 하다. 칸트는 결혼관계 속에서 비로소 남녀 양쪽은 상대방의 성을 정당하게 사용할 수 있다고 본다.

부모자식 간의 사랑을 예로 들어 보자. 칸트철학의 입장에서 볼 때 부모자식 간의 관계가 반성 없는 애착에만 근거한다면, 그것은 자연법칙의 경향성에 귀속되는 현상일 뿐이다. 인간의 보편적 인격성에 대한 존중 없이, 단지 나의 부모이기 때문에, 단지 나의 자식이기 때문에 집착한다면 그것은 자연의 다른 동물들의 삶과 다를 것이 없다는 뜻이다.

인간이 다른 동물 존재와 근본적으로 다른 근거를 칸트는 인격성에 둔다. 인격성이라 함은 절대적 이성법칙에 따라 인간을 다른 어떠한 고려 없이 그 자체로 목적으로 대할 때의 인간성이다. 그렇기 때문에 나와 혈연관계를 갖고 있다는 이유만으로 부모나 자식을 다른 사람들과 근본적으로 차별적으로 대하는 자세는 인격성 자체에 대한 존중과는 거리가 멀다.

감정이 삶에서 매우 커다란 부분을 차지하는 것이 사실이지만, 현재의 감정에 자신의 삶을 내맡기는 것은 칸트의 견해에서는 자신을 동물적 자연에 귀속시키는 것이다. 인간이 인간으로서의 가치 및 존엄성을 얻게 되는 것은, 감정으로서의 경향성이 이성의 법칙에 종속되도록 '강제시키려는' 태도에서 비롯된다고 할 수 있다. 이성의 법칙에 따라 사는 것은 스스로가 이성의 법칙에 따라 살 것을 의무로 부과할 때만 가능하다.

칸트도 우리의 삶에서 감정의 역할을 인정하기는 하지만, 그렇다고 해서 현재의 감정을 그 자체로 정당화하는 것은 아니다. 인간은 현재의 감정을 초극하여 자신을 자연의 존재에서 이성의 존재로 비상시켜야 하는 의무를 지닌 존재이다. 인간은 자연 속에서 자신을 '새로이 만들어가야 하는', '창조해 내야 하는' 유일한 존재인 것이다. 이것이 바로 '당위'의 존재

로서의 인간이다. 당위의 존재로서의 인간의 삶만이 인간을
'가치 있는' 존재로 만들어 준다.

문화와 인간

흔히 문화는 자연에 대립되는 의미로 이해된다. 자연이 처음부터 저절로 그렇게 있는 상태를 말한다면, 문화는 자연 상태를 개발하여 인간의 삶에 유용하도록, 혹은 인간의 취향에 따라 아름답게 변화시킨 상태를 뜻한다. 또는 인간의 상상체계에 의해 인위적으로 형성된 사물들을 뜻하기도 하고, 사람들의 사고방식 및 삶의 방식을 뜻하기도 한다.

사람들은 문명(civilization)과 문화(culture)를 물질문명과 정신문명으로 구별하기도 하지만, 문명과 문화가 언제나 그렇게 뚜렷하게 구별되는 것은 아니다. 이곳에서는 문명과 문화를 서로 교차하는 의미를 지니는 말로 이해하고 논의를 전개하려한다.

일반적으로 자연과 문화, 자연과 문명은 서로 대립되는 의미로 사용된다. 그러나 칸트철학에서는 반드시 그렇게 말할 수 없다. 칸트철학에서 자연과 문화의 의미의 관계는 중층적이다. 여기에서 중층적이라는 뜻은 자연과 문화는 한 뿌리에서 기인하지만, 다른 한편으로 자연과 문화는 서로 다른 본성에서 기인한다는 것을 말한다. 이러한 중층적 의미는 앞으로의 논의 과정에서 드러나게 될 것이다.

종교와 인간

우리는 이 글의 '도덕과 인간'과 '아름다움과 인간'을 통해서 칸트가 초월적인 신의 존재에 대해 어떻게 생각하는지 추측할 수 있다.

칸트의 도덕철학은 불멸의 영혼 및 신의 존재를 전제함으로써 성립하며, 아름다움 및 숭고의 감정을 느끼는 인간의 마음은 자연의 궁극적 합목적성과의 관계에서 성립하는데, 궁극적 목적은 신의 의도에서 비롯한다고 가정된다.

칸트는 『순수이성비판』 '변증론'에서 불멸의 영혼 및 신의 존재를 긍정하는 일은, 생각(개념)에 불과한 것을 실체화(존재화)하는 오류추리(Paralogismus)라고 비판하는데, 이에 비해 실천철학과 미학 이론에서는 영혼의 존재와 신의 존재를 다시 전제·요청한다.

이러한 전제 내지 요청을 통해서 우리는 칸트철학에서 도덕판단과 취미판단은 결국 신의 절대적 의지를 근거로 해서 정당성을 갖는다는 것을 알게 된다.

그러면 인간은 이와 같이 가정되고, 요청된 절대적 존재와 어떤 관계에 있는 것일까?

인간은 이원적 존재이다. 인간은 한편으로는 자연적 본성을 근원으로 하고, 다른 한편으로는 절대적 이성을 근원으로 한다. 칸트는 인간이 다른 동물들과 근본적으로 다른 근거를 절대적 이성에서 찾는다.

인간의 절대적 이성이란 무엇인가? 현실적으로 인간은 결코 '절대적'일 수 없다. 인간이 절대적 이성을 본질로 하는 존재라 함은 이념으로서의 인간 존재를 말한다. 이념으로서의 인간 존재는 두 가지 측면에서 고찰할 수 있다. 한 가지는 대상 인식이고, 다른 한 가지는 실천적 법칙의 인식이다.

칸트의 인식론에서 우리 주관의 능동성을 표현하는 것은 사고 능력에 따른 12개의 범주이다. 이 12개의 범주는 우리가 현상세계의 사물 및 사태를 지각할 때 사용되는 근본적인 사고형식이다. 그런데 12개로 분리된 사고형식이 12개로 분리될 뿐 하나로 통일될 길이 없다면 우리의 마음은 12개로 분열된 마음이 될 것이며, 이렇게 되면 하나의 통일적 인간은 설명될 수 없다. 그렇기 때문에 이 12개의 분리된 사고를 하나로 통일하는 '하나의 마음'이 필요하며, 칸트에게 있어 이 '하나의 마음'은 12개의 범주를 주관하는 사고형식인 오성(지성)뿐만 아니라 시간·공간형식인 감성능력까지도 배후에서 총괄한다.

그렇게 함으로써 나의 마음은 하나의 방향을 갖고 움직이는 것이다. 칸트의 인식론에서 오성과 감성은 절대 서로의 역할을 바꾸어 수행할 수 없으며, 한 쪽이 다른 쪽을 흡수할 수도 없다. 그럼에도 불구하고 이 양자는 하나의 원리, 하나의 이념(Idee)[11]에서 비롯한 것이기 때문에 하나의 방향성을 갖는다.

그리고 어떻게 행동하는 것이 바람직한가에 대해 생각할 때, 우리는 개별적 상황마다 경우가 다를지라도 대체로 어떤 방향성에 따라 생각한다. 칸트의 실천철학에서 그 방향성은 더욱 철저하다.

앞에서 '도덕과 인간'에서 논했듯이 칸트의 도덕원리는 선험적 원리이다. 선험적 원리란 경험의 축적에서 익힌 원리가 아니라, 우리 자신의 사고 능력에 기인한 원리를 뜻한다. 그리고 우리 자신의 사고 능력에서 기인한다는 것은 우리가 바람직한 행위 문제에 대해 생각할 때 '필연적으로' 그렇게 생각할 수밖에 없는 원리라는 것을 의미한다.

칸트의 도덕철학에서 선험적·필연적 도덕원리는 정언명법(定言命法)이다. 정언명법은 사람이 사람으로서 반드시 그렇게 행해야만 한다고 스스로에게 명령하는 법칙을 말한다. 그런데 어떤 행위가 옳다고 인식하여 스스로에게 그렇게 행위할 것을 명령할 수 있다는 것은, 자신이 그러한 명령에 따라 '자율적으로' 행위할 수 있는 존재라는 것을 이미 인식하고 있을 때 가능하다. 외부로부터 강제적인 명령에 의해, 어쩔 수 없이 행해야 하는 존재가 아니라, 자신이 옳다고(참이라고) 인식하는 도덕법칙에 따라 '자발적으로' 행할 수 있는 존재로서의 인간은 인간 이외의 동물들과 본질적으로 구별되는 본성을 갖고 있다. 이 본성이 바로 절대적 이성이며, 절대적 이성으로 인해 절대적 자유의지가 가능한 것이다.

절대적 이성의 절대적 자유의지는 임의적인 의지가 아니라, 필연적인 방향을 갖고 있는데, 그 필연적인 방향은 신의 존재와의 관계에서 성립한다. 칸트는 이 세계의 필연적 법칙의 근거로서의 절대적 존재가 이 세계의 다른 존재들과 구별되는 본성을 지닌 존재로서 인간을 창조했다고 가정하고 있다. 그 '구별되는' 본성이 바로 신의 본질에 유비되는 절대적 이성, 절대적 자유의지이다. 인간은 자연의 존재로서 자연적 본성에 귀속되지만, 절대적 이성적 존재로서는 절대적 자유의지의 법칙에 따라야하며, 이러한 절대적 자유의지의 법칙이 바로 칸트의 용어로 정언명법이다.

또한 인간의 절대적 도덕법칙으로서의 정언명법은 종교에 대한 관점과 연결된다. 인간이 이 세계의 다른 어떤 존재들과도 구별된다는 것은 바로 인간 자신의 도덕법칙에 근거하며, 도덕법칙의 근거는 인간의 절대적 자유의지 능력에 있고, 절대적 자유의지의 가능성은 신의 절대적 자유의지에서 비롯하기 때문이다. 자연의 모든 존재들은 절대적 존재의 피조물로서 자연히 초월적 신을 전제하지만, 다른 관점에서 이성적 존재로서의 인간 존재 또한 초월적 신을 전제한다. 이것이 칸트가 말하는 이성종교의 관점이다.

이성적 존재로서의 인간이 자신의 존재의 궁극적 의미를 모색하는 가운데 필연적으로 당도할 수밖에 없는 것이 바로 칸트가 말하는 이성종교이다. 이성종교는 어떤 초월적 존재에 대한 독단적 신앙을 전제하지 않기 때문에 지구상에 존재하는 현실 종교를 가리키지는 않는다. 또한 서양의 전통에서 논의되어온 몇 가지 중심적인 신(神)존재 증명 이론을 가리키는 것도 아니다.

예를 들어 칸트는 종래의 자연신학적 신 증명이라든가 존재론적(본체론적) 신 증명을 자신의 종교 이론으로 채택하고 있지 않다. 자연신학적 신 증명 이론에 따르면, 자연의 현상세계를 경험하다 보면 인간은 각각의 존재에 원인이 있을 수밖에 없다고 생각한다. 그리고 그 원인을 무한히 소급해 올라가다 보면 우리는 더 이상 소급할 수 없는 존재에 이르게 되는데, 그 궁극의 존재가 자기의 원인이자 다른 모든 존재들의 원인으로서, 절대적이며 완전한 초월적 존재라는 것이다. 그리고 존재론적 신 증명 이론은 예를 들어 데카르트의 이론을 통해서 이해할 수 있는데, 데카르트는 『방법서설』과 『제1철학에 관한 성찰』 등에서 생각(관념)을 근거로 해서 그 생각에 상응하는 '존재'를 증명해낸다. 우리 자신을 포함해서 이 세계의 어떠한 존재도 완전한 것이 없기 때문에 우리는 경험적으로는 완전한 존재를 하나도 알고 있지 못한데, 그럼에도 우리는 '완전하다'는 개념을 알고 있다. 그런데 이 개념이 '참으로' 완전한 성질을 지니려면, 단지 우리의 마음속 '생각'(관념, 개념)만으로 있어서는 안 되고, 실제로 그 생각에 상응하는 완전한 대상이 존재해야 한다고 데카르트는 논하고 있다.

칸트의 이성종교는 위의 두 가지 논변과도 구별된다. 이성적 존재로서의 인간이 자신의 존재 의미를 생각할 때 더불어 상정하게 되는 존재가 절대적 신이며, 이러한 의미에서 볼 때, 칸트가 말하는 신은 실천이성의 대상인 것이다.

칸트는 우리가 정언명법을 도덕법칙으로서 인식할 수 있는 근거를, 정언명법으로서의 도덕법칙이 바로 우리 자신의 본질이기 때문이라고 본다. 칸트에 의하면 인간은 본질적으로 도덕적 존재이다. 그리고 칸트가 말하는 도덕적 존재는 절대적 선의지에 의해 이 세계 및 인간을 주재하는 존재와 유사하다. 인간은 그러한 절대적 선의지를 본성으로 하는 존재의 의도[12]에 합당하게 사는 것이 인간 자신의 본질을 수행하는 길이라고 생각한다. 이러한 의미에서 볼 때 칸트가 인정하는 종교는 그 자신의 글의 제목이기도 한 『단순한 이성의 한계 내에서의 종교』일 것이다.

인식론적으로 말해서 감성형식 및 사고형식의 배후에서 하나의 이념이 우리의 마음이 하나의 방향으로 나아가게 규제(regulativ)하듯이, 실천적으로 말해서 절대적 신의 존재에 대한 이성종교는 우리의 삶이 '도덕적인' 하나의 방향으로 진행하도록 통제하는 것이다. 그리고 결국 인식론적인 '하나의' 방향과 실천적인 '하나의' 방향이 동일한 하나이게끔 하는 것은 바로 절대적 선의지를 지닌 초월적 존재이다.

칸트는 신존재 증명 이론을 실체론적 오류추리라고 배격하지만, 다른 한편으로는 인간 존재의 의미와의 연관에서 배경적으로 신존재를 '전제' 내지 '요청'하고 있으며, 이렇게 볼 때 칸트철학에서 종교는 적지 않은 역할을 하고 있다고 볼 수 있다.

역사와 인간

칸트가 인간을 다른 존재들과 근본적으로 구분되는 존재로 본 근거는 이성에 있다. 인간은 '본질적으로' 이성적인 존재이다. 그러나 인간의 이성적 본질은 현실 삶에서 언제나 그 자체대로 표현되는 것은 아니다. 인간은 자연적 본성을 갖고 있는데, 자연적 본성으로 인해 끊임없이 개인의 이기심 쪽으로 기울어진다. 개인의 이기심은 종종 다른 사람들의 권리를 침해하기도 하고, 다른 사람들을 고통과 불행에 빠트리기도 한다. 그리고 자신의 이익 및 안락을 우선시하는 삶의 방식은 결국 그 개인의 참다운 인간성의 실현에는 방해가 될 수 있다.

사람들은 사람들과의 관계에서만, 사회구조 속에서만, 자기의 인격성 즉, 인간의 존엄성을 실현할 수 있다. 칸트는 인간이 근본적으로 이성적·도덕적 존재임은 인정하지만, 이성적·도덕적 존재의 '현실화'는 바람직한 사회구조를 통해서 가능하다고 했다.

인간 개체의 존엄성, 나아가 인류의 존엄성은 사회, 국가 및 세계가 역사를 전개해가는 과정을 통해서 실현될 수 있다. 칸트는 그 역사의 과정이 지난함을 잘 알고 있었지만, 그럼에도 불구하고 인간 사회의 역사는 장기적으로 볼 때 이성의 방향으로 전진할 것을 확신했다.

영국의 명예혁명과 프랑스혁명은 근대 시민사회체제의 공고화 과정의 산물이었다. 칸트는 노년기에 영국의 명예혁명(1688) 백주년을 맞았으며, 프랑스혁명(1789)의 열정을 체험했다. 프랑스혁명은 이웃 국가에서 일어난 사건이지만, 이 사건은 독일의 시민들 및 지식인들에게도 커다란 영향을 미쳤다.

로크(Locke, 1632~1704)는 명예혁명의 정당성을 제공하는『시민정부론』13)을 통해서 근대 시민사회 이론에 초석을 마련했다. 로크는 이 책에서 개인의 절대적인 권리에 바탕을 둔 사회이론을 정초한다. 개인의 절대적 권리란 생명, 자유, 재산에 대한 권리를 말하며, 개인의 신체 및 그 신체에서 결과한 노동은 정신적 노동이든 육체적 노동이든 오로지 그 개인에게 속한다는 것이다. 그런데 자연 상태에서는 개인의 그러한 절대적 권리가 충분히 보호되기 어렵기 때문에, 인간들은 서로 동의 하에 사회를 형성하게 된다. 그러나 개인들이 위임한 임무를 충실하게 이행하지 않을 때, 그 사회는 해체될 수 있다.

여기서 로크가 말하는 사회는 근대 이전의 그 어떠한 사회형태와도 구별되는 사회이다. 고대 노예제 사회, 중세 봉건제 사회, 또는 근대 초기의 절대왕정체제는 로크가『시민정부론』에서 의미하는 사회 형태가 아니다. 그러한 사회 형태에서는 개인의 절대적 권리가 전혀 보장되어 있지 않으며, 그러한 권리를 우선시하고 있지도 않다.

로크가 말하는 개인의 생명, 자유, 재산에 대한 절대적 권리는 사회구조 속에서 법제화를 통해 지켜져야 한다.

개인의 절대적 권리가 보장될 수 있는 사회 형태가 바로 '시민사회'이다. 시민사회에서는 모든 인간이 동등한 권리를 갖는다. 개인들을 대표하는 사람들일지라도 각 개인의 권리가 보호되게끔 맡은 바 역할을 할 뿐, 다른 개인들보다 더 큰 권리를 갖는 것은 아니다. 이것이 대의제의 의미이다.

시민사회에서는 모든 사람들이 '평등'하다. 그런데 어떤 점에서 평등한가? 각 개인이 절대적으로 자유로운 존재라는 점에서 평등하다. 자신의 생명은 절대적으로 그 개인에게 속하며, 자신의 생각도 절대적으로 그 개인에게 속하며, 자신의 노력에 의해 성취한 재산도 절대적으로 그 개인에게 속한다. 개인의 이러한 절대적 자유의 이념에 따라 사회구조를 경제적 의미로 구성하면 자본주의체제가 성립한다. 이러한 관점에서 볼 때 『시민정부론』에서 로크는 개인의 노동에 근거를 두고 사유재산제도를 이론화함으로써 고전적 자본주의 이론을 확립하게 된다.

영국과 프랑스는 사회제도 및 경제구조 면에서 동일한 잣대로 비교할 수 없다. 그러나 프랑스혁명 발발 백여 년 전에 일어난 영국의 명예혁명을 프랑스인들도 이미 간접적으로 체험했다. 그런데 프랑스인들은 영국의 혁명이 일어나고 백여 년이 지나도 절대왕정체제를 벗어나지 못한 채, 개인들의 자유와 평등을 보장해줄 수 있는 사회체제를 이룩하지 못했다. 인간의 존엄성에 대한 의식은 이미 백여 년 전부터 싹텄으나 현실의 사회·정치구조는 구시대적 체제에 머물러 있었던 것이다. 이러한 상황에서 각 개인으로서의 인간의 절대적 존엄성에 대한 프랑스인들의 호소가 1789년의 혁명으로 표현되었다고 독일인들은 해석했다.

칸트도 프랑스혁명을 엄청난 사건으로 받아들였다. 그는 이 사건이 모든 사람들의 심성에 커다란 전환점을 마련하는 계기가 될 것이라고 생각했다.[14] 칸트가 프랑스혁명을 인류의 심성에 커다란 전환점이 될 수 있는 계기로 보는 이유는, 프랑스혁명이 '보편적 이성의 표현'이라고 보았기 때문이다. 칸트는 프랑스혁명이 일시적으로는 파괴, 혼란, 무질서 현상을 동반하지만, 그 혁명의 근본 정신은 이성이라고 생각했다.

로크의 사유재산 이론을 중심으로 하는 자유민주주의 사상역시 인간 이성에 근거를 두고 있지만, 그 이성은 이기적 이성, 즉 계산적 합리성이라고 할 수 있다. 사회의 여러 가지 형태 및 역사의 과정을 거치면서 자본주의적 자유민주주의체제 또한 그 나름의 발전을 해나가겠지만, 이러한 발전이 동시에 인간의 존엄성의 발현에 있어서도 '발전'을 보장해주는 것은 아니다. 사유재산의 보호라는 개인의 이기적 관심을 가장 중요시하는 사회에서 인간의 인격성과 존엄성이 커진다고 확신할 수 없다.

칸트는 프랑스혁명의 이상에서 인간 정신의 고양 가능성을 읽었다. 칸트는 사회구조의 변화와 발전을 통해서 개인들의 정신이 한 단계 비약할 것을 믿었으며, 거꾸로 개인들의 알력과 경쟁, 통합의 과정을 통해서 사회가 또 한 단계 비약할 것을 믿었다. 칸트는 결국에는 개인과 사회간의 이러한 긴장된 관계에 의해 인간의 잠재적 이성이 현실에서 점진적으로 전개되어 완성될 것이라고 생각했다. 인간은 '본질적으로' 이성적인 존재이지만, 사회 속에서 다른 사람들과의 관계를 통해서만 자신의 이성을 현실적으로 실현할 수 있다고 논의하고 있다. 이러한 논의는 칸트의 인간관에서 필연적으로 귀결된다.

인간은 개인적 본능의 차원에서 보면 철저히 이기적인 존재이다. 자신의 위치를 현재보다 더 나은 상태로 올려놓으려 하고, 남들보다 우월한 인간이 되고자 하며, 지금보다 더 많이 소유하고자 한다. 이렇듯 남들보다 더 많이 소유하려는 욕구에 의해 개인의 능력은 발전된다. 우리가 열심히 공부하고자 하는 이유도 그 근본을 파헤쳐 보면 대부분 현재보다 나은 사회적 지위, 현재보다 더 높은 경제적 수준을 달성하고자 하는 데 있다. 사실 삶의 여정에서 우리의 의지를 움직이는 추동력은 명예욕, 지배욕, 소유욕인 경우가 허다하다.

이에 이기적인 개인들은 자신들의 이해관계를 조정해줄 사회를 필요로 하게 된다. 다시 말해서 개인들의 '반사회성'이 심각한 단계에 이르면, 사람들은 오히려 사회의 필요성을 절감하게 되는 것이다. 이런 의미에서 본다면 개인들의 '반사회성'은 이미 '사회성'과 떼려야 뗄 수 없는 관계에 있다고 할 수 있다.

칸트는 이러한 '반사회적 사회성'이 개별 국가를 성립시키는 데뿐만 아니라, 나아가 전 세계적인 국제연맹을 성립시키는 데에도 중심적인 역할을 할 것이라고 전망했다.

칸트가 그리고 있는 이상사회는 시민사회이다. 시민사회는 주권이 국민 개개인에게 있는 사회 형태를 뜻한다. 물론 국민 개개인이 직접 국가의 모든 일에 참여한다는 것은 현실적으로 불가능하기 때문에 국민들의 의사를 대변할 수 있는 사람들을 선출해야 한다. 칸트는 삼권분립의 시민정치체제가 이상적이라고 생각한다. 이것은 입법, 행정, 사법의 세 가지 권력 형태로 이루어지는 사회를 말한다. 칸트는 이 세 가지 권력 중에서 입법권이 가장 중요하고도 근본적인 힘이라고 말한다. 입법은 통일된 국민의 의지의 표출로서 그것은 국민의 보편적인 의사를 반영한다. 칸트는 시민정치체제를 공화제로 표현하기도 했다.

공화제의 국가체제는 반드시 국민의 입법에 의해 이루어지는 국가를 말하며, 이 체제는 국민 개개인의 자유와 평등을 계약에 의해 법에 담아야 한다. 그리고 그 법은 국가의 유일한 공동 입법 형태여야 한다.[15]

칸트가 공화제 국가를 시민사회의 이상적 형태로 보는 근거는 그 국가의 이성적 방향에 있다. 공화제야말로 모든 국민의 절대적 자유와 평등을 사회정신의 근본으로 한다. 절대적 인격으로서 개인의 자유를 보호하며, 그러한 자유는 사회 구성원 모두에게 동일하게 인정되어야 한다는 의미의 평등을 보장해주는 공화정부체제는 이성을 본질로 하는 인간의 존엄성을 사회의 가장 중요한 요소로 인정하기 때문이다.

그런데 이러한 이상적인 사회는 이념적인 정신만으로 단번에 도달될 수 없다. 이념을 지향하는 법일지라도 완벽할 수 없고 시간의 경과를 거쳐 끊임없이 수정·보완되어야 하며, 또 완벽한 법체제를 갖추고 있다고 해도, 그 법이 현실 사회에 적용되는 과정을 통해서 시행착오를 거치면서 점진적으로 보완될 수밖에 없다.

칸트는 각 나라가 공화제의 시민사회를 형성해 나가는 것은 사람들 간의 지난한 알력관계를 통해서 가능하다고 보았다. 그러나 칸트는 한 국가 내의 이상적 시민사회화를 종착점으로 생각하지 않았다. 칸트는 개별 국가의 시민사회는 나아가 세계시민사회로 연결되어야만 참된 이상사회의 실현이 가능하다고 보았기 때문이다.

그런데 한 국가 내의 구성원들 간에서도 앞에서 말한 '반사회적 사회성'이 사회 발전으로 인도하듯이, 국가들 간에서도 '반사회적 사회성'이 국제적 유대관계의 발전으로 이끈다. 국가들 간의 가장 심각한 '반사회성'의 예는 전쟁이다. 전쟁은 국가들 간의 관계를 야만적인 상태가 되도록 한다. 칸트에게 전쟁은 국가 구성원들의 보편적인 의지의 발로라기보다, 대부분 최고권력자의 호전적인 성향에서 비롯한다고 생각했다. 호전적인 권력자는 다른 국가들과 전쟁관계에 들어감으로써, 자국뿐 아니라 타국도 비이성적 존재로 만들어 버린다. 전쟁은 물적 자원의 황폐화로 그치는 것이 아니고 인간성까지도 황폐하게 만든다. 그렇기 때문에 칸트는 지휘자의 성향에 따라 호전적으로 유도될 수 있는 상비군체제도 언젠가는 폐지되어야 한다고 주장했다.16)

칸트는 개인으로서의 인간이 본질적으로 이성적인 존재이듯이 한 국가도 이성적 존재여야 한다고 본다. 그리고 이성적 존재로서의 인간은 동시에 도덕적 존재를 의미하듯이, 이성적 국가 또한 도덕적 인격체여야 한다고 논하고 있다. 이러한 관점에서 볼 때 한 국가는 다른 국가를 자의적으로 침략해서는 안 되고, 더욱이 전쟁이 일어난다고 해도 타국의 국민을 수탈해서는 안 된다. 혹 국가간에 전쟁이 일어난다고 해도 전쟁 상대국 국민들의 재산이나 생명까지 마음대로 할 권리가 국가 지도자에게는 없기 때문이다. 전쟁 개시는 대부분 지도자의 비보편적이고, 자의적이고 이기적인 그리고 비이성적인 의지에 의해 비롯된다고 칸트는 보고 있다.

전쟁이라는 국가들 간의 '반사회성'을 겪게 되면, 그리고 그러한 '반사회성'의 후유증이 크면 클수록 사람들은 국가들 간에도 법적 제도에 의한 유대관계가 필요함을 절실히 느끼게 된다. 칸트는 우리가 지금까지의 역사에서 가장 커다란 전쟁이라 부르는 1차, 2차세계대전을 체험하지 않았음에도 불구하고, 이를 앞서 예견한 것이다. 그는 전쟁을 예방할 수 있는 또는 전쟁이 일어난 경우 사후의 문제점들을 잘 조정할 수 있는 제도를 체계화하는 것이 필수적인 일이라고 논했다. 그 제도는 국제법에 토대를 둔 국제연맹이 되어야 한다고 제창하기도 했다.

칸트는 바람직한 국제법, 그러한 법에 따라 유지되는 세계시민사회에 의해 영구적인 평화가 가능할 것이라고 내다보고 있었다.

개인들을 대상으로 하는 시민법 및 국가법이나 세계시민사회 구성원들(국가들)을 대상으로 하는 국제법 모두 이성적 질서를 의미한다.[17] 개인적 이기심으로는 '반사회성'에 집착하는 인간을 '사회성'으로 바꾸는 데에도 이성적 제도인 법이 필요하듯이, 국가 이기주의 및 민족 이기주의[18]에 집착하는 개별 국가들의 '반사회적인' 호전성을 세계시민적 '사회성'으로 바꾸는 데에도 이성적 제도로서의 국제법이 필요하다. 칸트는 정치 및 법에 의해 이성적 사회로 다가갈 것으로 기대했다. 사람들이 개인적인 마음만으로 이성사회를 실현한다는 것은 매우 어려운 일이기에, 사회적 법의 장치를 제안했고, 이를 통해 그것이 가능하다고 보았다.

그래서 칸트는 진정한 이성사회의 실현은 개개인이 아닌 인류라는 좀더 광범위한 존재로서만 가능하다고 보았던 것이다.[19] 개인으로서의 인간보다 유적 존재로서의 인류가 이성사회 실현에 더 가까운 이유는 이미 이성의 의미에 포함되어 있기 때문이다. 이성은 감각적 성향으로서의 경향성에 대립되는 의미를 지니며, 비감각적 사유인 이성은 그 자체로 보편적 성질을 지닌다. 감각, 감성, 감정이 개별적, 상대적, 우연적, 이기적, 본능적 성질이라면, 이성은 보편적, 필연적, 공적(公的) 성질이다.

인간은 본질적으로 이성적 존재이지만, 한편으로 감성적 존재이기도 하기 때문에, 법질서에 의한 사회 속에서, 그것도 모든 인간들의 권리를 동등하게 인정해주는 '시민사회' 속에서, 자신을 비로소 이성적 존재로 '실현해야'(만들어야) 한다.

칸트는 이성적 존재로서 인간과 세계인으로의 실현 과정은 시민사회, 나아가 세계시민사회를 통해서만 가능하다고 보았다. 인간은 자기의 '내재된' 본질인 이성을 '밖으로 끌어내' 전개하는 과정에서 사회를 필요로 하고, 사회의 역사 과정을 필요로 하며, 더욱이 세계시민사회가 이루어지는 날까지의 역사를 필요로 한다. 인간은 자신의 본질을 '실현'하는 데에도 자기의 외화(外化)적 존재로서의 역사를 필요로 하는 것이다. 인간은 자기를 타자화하고, 자신을 외화시키는 과정에 의해서만 자신의 본질을 들여다 볼 수 있는 존재이기 때문이다.

교육과 인간

앞에서 서술했듯이 칸트는 인간의 본성도 사회 속에서 계발되는 것임을 논하고 있다. 그런데 사회구조의 법제화만으로는 이러한 계발의 충분한 수준을 기대할 수 없다. 보다 적극적인 교육이 필요하다.

교육 중에서도 칸트가 가장 중요시하는 교육은 인성교육이고, 인성교육 중에서도 이성의 고양을 위한 교육이다. 다시 말해서 각자 자신의 인격성, 인간으로서의 존엄성을 완성하도록 돕는 수단으로 교육을 중시했던 것이다.

그렇다면 인간의 인격성, 존엄성이란 무엇을 뜻하는가? 무엇이 옳은지를 이성의 기준에 따라 스스로 판단할 줄 아는 사람, 판단하는 데 그치는 것이 아니고 나아가 자신의 의지에 따라 옳은 일을 행할 수 있는 사람이 자신의 인격을 지키는 사람이다.

인간이 인간으로서의 격(格, 품위, 존엄)을 지킨다는 것은 인간이 다른 동물들과 구별되는 존재로서의 본질을 철저히 지킨다는 말이기도 하다. 다른 동물들과 구별되는 인간으로서의 격은 인간이 절대적 자유의지의 존재라는 데서 기인한다.

우리는 본질적으로 절대적 자유의지의 소유자임에도 불구하고 현실 사회에서는 그 반대로 행동하는 경우가 허다하다. 어떤 때는 자기도 의식하지 못한 채, 또 어떤 때는 스스로 자유의지를 내팽개친 채 남과 왜곡된 사회제도에 굴종한다.

인간의 이성적 본질이 직접적으로 표현되는 것이 도덕적 행위인데, 칸트철학에서 인간의 도덕적 행위를 정초하는 근본원칙(정언명법)은 인간이 절대적 자유의지의 존재라는 전제 아래에서 성립한다.

인간이 자신을 위해서나 사회를 위해서나 절대적 자유의지의 삶을 지향하도록 하는 데에 교육의 역할이 지대하다고 칸트는 역설하고 있는 것이다.

그런데 그러한 교육이 반드시 도덕교육만을 뜻하는 것은 아니다. 칸트가 의미하는 도덕교육은 넓은 의미의 문화교육이다. 문화교육에는 광범위한 학문 및 예술이 포함된다. 사회의 제반 현실 문제에서 비롯해서 인간 및 우주의 근원적인 문제에 이르기까지의 넓은 분야의 지식을 섭취하며 사고 능력을 키우는 일은 무엇이 옳은가를 생각하는 데에도 간접적으로 도움이 된다. 칸트는 이러한 면에서 역시 서양사고의 전통에 서 있다. 우리는 우선 사물의 이치를 정확히 인식함으로써 세상 사태에 올바로 대처할 수 있다는 것이다.

칸트의 이러한 입장은 도덕의 문제에서도 명확히 드러난다. 칸트의 도덕철학에서는 근본적인 도덕원칙을 인식하는 일이 중요하다. 어떤 원칙이 올바른 행위의 근거를 정당화하는지, 그리고 그러한 정당화의 전제 조건으로서의 인간 존재론(인간학)은 무엇인지를 먼저 인식하는 일이 필수적이다. 칸트의 도덕철학의 입장에서는 어떤 원칙이 근원적 도덕원칙인지를 인식한 토대 위에서 행하는 선한 행위는, 본래 심성적으로 착하게 태어나서 하는 선한 행위와 본질적으로 '구별된다'. 전자의 행위가 '도덕적으로 선하다'라면, 후자의 행위는 '자연적으로 우연히 선하다'라고 할 수 있다. 칸트의 철학에서는 정언명법의 근원적 도덕법칙을 인식한 근거 위에서, 그리고 그러한 도덕법칙에 대한 외경심에서 행한 행위만이 '선하다.' 그 외에 동정심(자연적 감정)에서, 또는 천성이 본래 선해서 또는 습관상 행한 행위는 칸트의 도덕원리의 의미에서 '선하다'고 할 수 없다.

칸트는 여러 가지 학문 중에서도 철학을 특히 중요한 위치에 둔다. 철학은 각자 이성의 자율에 따라 자유로운 판단을 내리는 능력을 기르는 것을 최고의 목표로 삼기 때문이다. 철학은 우리가 절대적 자유의 존재로서 사는 방법을 스스로 사고할 줄 알고, 또한 현실적으로도 그러한 삶을 살 것을 지향하도록 한다.

이에 비해, 칸트가 활동하던 당시 '상부학부'인 신학부, 법학부, 의학부는 정부의 지배적 관심에 따라 성립된 단과대학으로서, 이 세 학부는 정부에 복종할 수밖에 없다. 우리는 칸트의 『학부들간의 논쟁』[20]을 통해 신학이 명칭상으로 볼 때 현세의 최고권력기관인 정부를 초월할 것으로 보이지만, 현실적으로는 당시의 지배권력의 보호 하에 존재할 수밖에 없었다는 것을 읽을 수 있다. 그리고 법학부는 물론 당시의 지배권력을 비호·수호하는 논리의 바탕 위에 서있고, 의학부는 신학부와 법학부보다는 객관적인 자연의 이치에 더 관심이 크고 또 그것을 중시하지만, 현실적으로 정부가 의사들을 통제하기 때문에 의학부 또한 정부의 지배 아래에 있게 된다.

물론 철학부 또한 정부가 통제하는 대학체제 안에 들어 있지만, 그럼에도 불구하고 철학자들은 진리 자체를 지향하기 때문에 현실의 지배 권력에 쉽사리 동화되지 않는다.

칸트는 외면적으로는 매우 온건한 성향의 사람으로 보였지만, 진리의 면에서는 누구도 따르지 못할 엄격함 및 철저함을 지닌 사람으로서, 마음속으로 어떠한 지배도, 억압도, 강제도 용납하지 않았다. 그리고 그 내면의 힘은 장기적으로 더 큰 영향으로 나타났다.

칸트에게 철학은 사회의 어떠한 인위적 제도와도 관계없이 인간을 인간으로서 고양시켜줄 수 있는 사고 능력을 키우는 학문이었다. 철학은 국민들의 계몽을 통해서 국민들 일반의 의식을 깨우는 역할을 할 수 있어야 한다. 사회의, 정부의 임의적 제재에 의해 국민들의 삶이 왜곡되지 않도록, 철학은 국민들이 각자 공적이며 자유로운 판단을 내릴 수 있게끔 국민들을 계몽해야 하는 것이다. 다른 사람들이나 사회의 인위적 제도 및 관습에 의해 일종의 후원자들의 의견에 순응해서 살지 않고, 각 개인이 자신의 자율적 판단에 따라 성숙한 인간으로 살도록 하는 것이 교육의 가장 큰 목표여야 한다고 칸트는 생각했다. 칸트는 『계몽이란 무엇인가?』에서 철저히 자율적인 판단에 따라 사는 것이 왜 인간의 본연의 모습이어야 하며, 참다운 계몽이란 개개인이 정신의 미성숙 상태에서 벗어나 성숙한 이성적 인간으로 살도록 돕는 것임을 설파했다.

칸트는 예술교육도 중요시한다. 예술교육을 통해 인간의 심성을 순화할 수 있기 때문에, 예술은 단지 예술로 끝나는 것이 아니라고 봤다. 예술은 도덕의 상징이라는 것이다. 예술과 도덕은 당장은 서로 근본적으로 다른 분야로 생각되지만, 그 궁극을 추적해보면 예술은 도덕의 근원에 이른다고 보았다. 그렇기 때문에 칸트는 『판단력비판』에서 미와 숭고의 감정에 대한 미학 이론과 목적론을 함께 다루었던 것이다. 아름다움을 인식하고 아름다움을 추구하는 인간의 마음은 자연의 합목적성이 현상적으로 표현된 것이며, 자연의 합목적성의 궁극적 목적은 선이라는 것이다. 칸트는 서양 사고의 전통에 따라 이 세계의 절대적 원인을 선한 존재로 보며, 이 자연세계의 독특한 존재인 인간은 절대적 원인의 궁극적 목적을 감지할 수 있는 존재로 보았다. 자연법칙에 대한 인식(진)과 도덕법칙에 대한 인식(선)뿐만 아니라 아름다움에 대한 인식(미)은 이 세계의 절대적 원인인 절대적 선을 감지하는 기호이자 상징인 것이다.

이렇게 볼 때 예술교육에 의해 자신의 마음을 순화하는 것은 절대자의 의지에 다가가는 길이기도 하다.

교육을 통해서 인간의 '자연성'은 '인간성'으로, 즉 '도덕성'으로 교화된다. 그리고 '도덕성'으로서의 교화는 최고의 문화형태이다. 다시 말해서 칸트철학에서 '문화'는 인간 이성의 '발현'인데, 인간 이성의 발현은 바로 '도덕성'의 '실현'인 것이다.

인간으로서의 존엄성을 지닌 삶

　지금까지, 칸트철학의 관점에서 인간이란 어떤 존재인가를 다각도로 고찰했다. 처음의 넉 장에서는 오성(지성), 이성, 판단력 및 감성(감정)이라는 인간 자신의 능력이 무엇인지, 이 능력에 의해 인식하는 대상세계인 진, 선, 미의 영역 및 감정의 영역이 무엇인지를 서술했다. 그리고 바로 앞장에서는 인간의 감성, 오성, 판단력, 이성의 네 가지 능력을 크게 감성과 이성으로 나누어, 인간을 이원적 존재로 보는 칸트의 입장에서 인간은 이 세계 속에서 어떻게 자신의 본질을 전개해 나가며, 또는 전개해 나가야 하는가를 살펴보았다. 전개 과정을 통해서는 역사, 교육, 문화 등의 개념을 통해 부각시켰다.

　칸트는 인간의 두 가지 본성을 감성과 이성으로 보았다. 필자는 감성과 이성의 논의를 통해서 인간을 동물들과 근본적으로 구별케 해주는 이성을 실현하는 것이 인간의 고유한 인격성을 표현하는 방법이라는 점을 논하고자 했다.

물론 인간은 이원적 존재이기 때문에 감성 및 감정을 일체 도외시하고 절대적 이성을 실현할 수는 없다. 단지, 칸트의 관점에서 인간은 감성과 이성이라는 두 가지 본성을 본질로 하지만, 이 양자 중에 감성이 인간의 고유한 본질을 표현하는 것은 아니라는 것을 말하고자 했다. 감성은 동물들도 지니는 본성이므로 만일에 감성을 인간의 고유한 본성으로 인정한다면, 인간을 다른 동물들과 본질적으로는 구별할 수 없고, 단지 정도의 차이에서만 다른 것으로 보아야 할 것이다.

그렇다고 해서 칸트가 인간의 삶에서 감성 및 감정의 역할을 중요하게 생각하지 않은 것은 결코 아니다. 칸트는 누구보다도 감성의 막강한 힘을 잘 이해하고 있었다. 그는 감성의 막강함 내지는 무도한 힘을 잘 알고 있었기 때문에, 그러한 무도한 힘에 인간이 굴복하지 않는 길을 하나의 통일적인 이론의 체계에 의해 정초하고자 했다. 이러한 체계 속에서 자연과 자유, 감성과 이성, 경향성과 도덕성이 통일된다. 서로 모순되는 두 개의 본성이 상대를 배격하지 않고 하나로 통일된다. 그런데 이때 두 가지 본성이 서로 근본적으로 '구별되는', '모순되는' 성질이지만, 그러면서도 한 쪽이 다른 쪽의 방향으로 '저절로', '자연스럽게' 포섭되는 식으로 통일된다. 즉 자연이 자유의 방향으로, 감성이 이성의 방향으로, 경향성이 도덕성의 방향으로 통일된다. 이러한 방향은 자연의 필연적인 기계론이 절대적 자유의 유기체적 목적론으로 통일되는 경우에도 동일하다.

이러한 통일에 의해 인간을 포함한 이 세계는 하나의 통일적인 합목적성을 지닌다.

상황에 따라 임의적이고 우연적인 감성에 휩쓸리는 것으로 보여도 결국에 인간 자신은 이성의 합목적성에 귀속되는 존재라는 것을 세계의 이념으로서 인정할 때, 인간은 자신의 존재 자체에 대해 외경심을 품을 수밖에 없게 된다. 그리고 그러한 외경심에 인도되어 자신의 삶이 인간으로서의 품격, 인간으로서의 존엄성을 지니도록 살 것을 지향하게 된다.

주

1) 1781년에 『순수이성비판』 초판이 발행되었고, 1787년에 재판이 나왔다. 재판의 한 각주 B 36(흔히 칸트의 『순수이성비판』 초판은 A, 재판은 B로 표기함)에서 칸트는 미학(Äesthetik)이라는 말이 '선험적'인 의미로도 사용될 수 있음을 시사하고 있다.

2) 상상력과 오성이 일치하지 않는 경우에는 일종의 불쾌감, 불만족감이 동반할 것이다.

3) 호이징하는 자신의 저서 『놀이하는 인간 *Homo Ludens*』(1955, 우리나라에서는 『호모루덴스』라는 제목으로 까치에서 1981년에 처음 출판됨)에서 인간의 본질을 놀이라는 개념에 의해 설명하며, 나아가 문화 현상 전반을 놀이 개념에 의해 고찰하고 있다.

4) 『진리와 방법』에서 가다머의 '놀이' 개념 참고. 우리나라에서는 가다머의 *Wahrheit und Methode* 1권(총 2권) 중의 일부가 『진리와 방법 1』이라는 명칭으로 이길우, 이선관, 임호일, 한정원에 의해 2000년 문학동네에서 출판됨.

5) 이성은 논리적이고, 추론적인 사고 능력인 오성을 뛰어넘는 사고 능력으로서 감성, 감정, 오성의 마음을 배후에서 통일하는 능력이며, 이 세계의 근원적 존재의 능력에 유비적으로 생각되는 능력이다. 인간은 감성 및 감정에 매여 있는 존재이기 때문에 대개는 마음의 분열상을 보이지만(이원적 존재로서), 어느 순간 절대적인 이성의 통일 능력을 보이기도 한다. 이때 인간은 스스로 지니고 있는 숭고성을 표출하기도 하는 것이다.

6) 현대 철학 및 현대적 세계관 혹은 미래적 세계관의 관점에서 오늘날 '감성적 이성', '심미적 이성' 등이 회자되는데, 이러한 사고의 근원을 명확히 가리켜주는 용어로 '공통감(Gemeinsinn, common sense)'을 지적할 수 있는데, 이는 칸트의 『판단력비판』에서 미학적 판단력과의 관계에서 중요하게 사용되었다.

7) 『순수이성비판』 재판 서언(Vorrede), B XLIII.

8) 칸트가 말하는 형이상학은 물론 전통적 형이상학이 아니다. 그것은 자신의 비판철학의 바탕 위에서 성립하는 새로운 존

재론이다.

9) 남의 마음을 느끼는 것도 결국에는 나 자신의 마음을 느끼는 것에 포함된다. 내가 남의 마음을 나의 마음 속에서 느끼는 것이므로.

10) 칸트는 도덕철학에서 이성법칙에 따르는 정언명법에 대립해서 감정에 따르는 경향성을 세우는데, 경향성은 자연의 존재로서의 인간에 속하는 마음이다.

11) 『순수이성비판』 A 67/B 92 참조. 이 부분에서 칸트는 사고의 여러 개념들(Begriffe)이 '하나의' 원리, '하나의' 개념, '하나의' 이념, '절대적 통일로서의' 오성에서 비롯됨을 말하고 있지만, 이러한 하나의 원리의 방향성은 역시 '하나의 마음'에 속하는 감성에도 타당한 것으로 보아야 한다.

12) 칸트는 자연의 의도, 목적 등의 개념을 통해 절대적 존재의 의지, 의도, 목적의 의미를 표현하기도 한다. 그리고 도덕적 존재로서의 인간과 궁극적 존재의 의지, 목적의 관계는 칸트의 도덕철학에 관한 글들에서 뿐만 아니라 『판단력비판』에서도 명백히 표현되고 있다. 『판단력비판』의 전반부는 미와 숭고의 미학에 대해 다루고 있다면, 후반부는 자연의 목적론에 대해 다루고 있다.

13) 『시민정부론 The Second Treatise of Civil Government: Two Treatises of Government』 중 제2권은 근대 자유민주주의 및 자본주의체제에 관한 이론서라고 할 수 있으며, '통치론'이라고도 번역된다. 로크는 현재의 영국 노동당의 전신인 휘그(Whig) 당의 창립자인 샤프츠버리(Shaftesbury)의 비서로서, 그 당시 토리(Tory) 당과 휘그 당간의 의회 권력 다툼의 소용돌이 속에서, 당수인 샤프츠버리와 프랑스로 망명하기도 하고, 명예혁명 과정에서는 당수와 함께 네덜란드로 망명한다. 그리고 그는 명예혁명이 성공한 이후 영국으로 돌아와-샤프츠버리는 망명 도중 네덜란드에서 사망함-현실 정치에서나 철학적 이론화 작업에서나 명실상부한 지도자가 된다. 그리고 그가 명예혁명 발발 이전부터 구상하고 있던 내용을 명예혁명 성공 2년 후 1690년에 책으로 출판하게 된다.

14) 칸트는 1789년의 프랑스혁명에 대해 교차하는 견해를 표명한다. 프랑스혁명이 프랑스의 현실 사회에서 많은 불안 요소

및 문제점을 야기함을 인정하고, 나아가 다른 사회에도 혁명
이 일어날 경우 우려를 표현하지만, 다른 한편으로 프랑스혁
명을 이념적으로 보았을 때 인간 이성의 발로로 보아, 이 사
건이 인류 역사의 발전에 기여할 것으로 본다.『도덕형이상
학, 법론』,『학부들간의 논쟁』,『영구평화론』등 참조.

15)『영구평화론』VI 204쪽 참조.

16)『영구평화론』VI 197쪽 참조.

17)『영구평화론』VI 171쪽 이하 참조.

18) 민족감정, 민족적 우월주의 등은 보편적 이성이 아니라 감정
에 근거를 둔 마음으로서 자국민, 자민족에 대해서는 우호적
이지만 타국가, 타민족에 대해서는 배타적, 위해적이 될 수
있기 때문에, 칸트는 이러한 감정을 부정적으로 생각한다.

19)『보편사의 이념』참조.

20) 원제목은 *Der Streit der Fakultäten*으로서『학부들간의 투쟁』이
라고도 번역할 수 있다. 칸트는 이 책에서 칸트 당시 정부와
긴밀한 관계에 있는 학문 분야인 신학, 법학, 의학이 학문적
으로 대학체제 안에서 일종의 지배계급을 형성하고 있음을
보여준다. 칸트는 이 세 학문 영역을 '상부학부'라고 부르고,
그에 반해 현실적인 권력을 갖고 있지 못한 철학부(넓은 의
미의 인문학부)를 '하부학부'라고 부르고 있다.

참고문헌

I. Kant, *Kritik der reinen Vernunft*, Hambrug, Felix Meiner Verlag, 1956.

_____, *Kritik der praktischen Vernunft*, Hamburg, Felix Meiner Verlag, 1974.

_____, *Kritik der Urteilskraft*, Hamburg, Felix Meiner Verlag, 1974.

_____, *Der Streit der Fakultäten*, 베를린 학술원판, 칸트전집 제7권 1968(Weischedel판, 칸트전집 제9권 1983).

_____, *Anthropologie in pragmatischer Hinsicht*, 베를린 학술원판, 제7권(바이셰델판, 제10권 1983).

_____, *Über den Gebrauch teleologischer Prinzipien in der Philosophie*, 베를린 학술원판, 제8권 1968(바이셰델판, 제8권 1983).

_____, *Idee zu einer allgemeinen Geschichte in weltbürgerlicher Absicht*, 베를린 학술원판, 제8권(바이셰델판, 제9권).

_____, *Zum ewigen Frieden*, 베를린 학술원판, 제8권(바이셰델판, 제9권).

_____, 최재희 옮김, 『순수이성비판』, 박영사, 1972.

_____, 최재희 옮김, 『실천이성비판』, 박영사, 1981.

_____, 이석윤 옮김, 『판단력비판』, 박영사, 1989.

_____, 이남원 옮김, 『실용적 관점에서 본 인간학』, 울산대출판부, 1998.

_____, 이한구 편역, 『칸트의 역사철학』, 서광사, 1992.

_____(바이셰델 편), 손동현·김수배 옮김, 『별이 총총한 하늘 아래 약동하는 자유』, 이학사, 2002.

크로너, 연효숙 옮김, 『칸트: 칸트에서 헤겔까지』, 서광사, 1994.

페이튼, 김성호 옮김, 『칸트의 도덕철학』, 서광사, 1988.

힐쉬베르거, 강성위 옮김, 『서양철학사 하』, 이문출판사, 1988.

최인숙, 「칸트의 오류추리론」, 한국칸트학회 편, 『칸트와 형이상학』, 민음사, 1995.

_____, *Die Paralogismen der Seelenlehre der ersten und der zweiten Auflage der 'Kritik der reinen Vernunft'*, New York/Frankfurt a. M.(Peter Lang), 1991.

_____, 「선험적 종합명제로서의 칸트의 도덕원리」, 한국칸트학회 편, 『칸트와 윤리학』, 민음사, 1996.

_____, 「판단력비판과 낭만주의철학에서 자연과 예술의 개념」, 한국칸트학회 편, 『칸트와 미학』, 민음사, 1997.

_____, 「칸트와 가다머에게서의 놀이 개념의 의미」, 한국칸트학회 편, 『칸트와 현대 유럽철학』, 철학과 현실사, 2001.

_____, 「칸트철학에서 자연과 문화의 개념」, 한국칸트학회 편, 『칸트철학과 현대』, 철학과 현실사, 2002.

_____, 「칸트의 데카르트 비판」, 한국철학회, 『철학』 제43집, 1995.

_____, 「칸트와 노발리스에서 창조의 의미」, 철학연구회, 『철학연구』 제56집, 2002.

프랑스엔 〈크세주〉, 일본엔 〈이와나미 문고〉,
한국에는 〈살림지식총서〉가 있습니다.

📖 전자책 | 🔍 큰글자 | 🔊 오디오북

칸트

펴낸날	초판 1쇄 2005년 1월 25일
	초판 8쇄 2021년 2월 1일

지은이	최인숙
펴낸이	심만수
펴낸곳	(주)살림출판사
출판등록	1989년 11월 1일 제9-210호

주소	경기도 파주시 광인사길 30
전화	031-955-1350 팩스 031-624-1355
홈페이지	http://www.sallimbooks.com
이메일	book@sallimbooks.com

ISBN	978-89-522-0338-0 04080
	978-89-522-0096-9 04080(세트)

※ 값은 뒤표지에 있습니다.
※ 잘못 만들어진 책은 구입하신 서점에서 바꾸어 드립니다.

026 미셸 푸코　　eBook

양운덕(고려대 철학연구소 연구교수)

더 이상 우리에게 낯설지 않지만, 그렇다고 손쉽게 다가가기엔 부담스러운 푸코라는 철학자를 '권력'이라는 열쇠를 가지고 우리에게 열어 보여 주는 책. 권력은 어떻게 작용하는가에서 논의를 시작하여 관계망 속에서의 권력과 창조적·생산적·긍정적인 힘으로서의 권력을 이야기해 준다.

027 포스트모더니즘에 대한 성찰　　eBook

신승환(가톨릭대 철학과 교수)

포스트모더니즘의 역사와 논의를 차분히 성찰하고, 더 나아가 서구의 근대를 수용하고 변용시킨 우리의 탈근대가 어떠한 맥락에서 이해되는지를 밝힌 책. 저자는 오늘날 포스트모더니즘으로 대변되는 탈근대적 문화와 철학운동은 보편주의와 중심주의, 전체주의와 이성 중심주의에 대한 거부이며, 지금은 이 유행성의 뿌리를 성찰해 볼 때라고 주장한다.

202 프로이트와 종교　　eBook

권수영(연세대 기독상담센터 소장)

프로이트는 20세기를 대표할 만한 사상가이지만, 여전히 적지 않은 논란과 의심의 눈초리를 받고 있다. 게다가 신에 대한 믿음을 빼앗아버렸다며 종교인들은 프로이트를 용서하지 않을 기세이다. 기독교 신학자인 저자는 이 책을 통해 종교인들에게 프로이트가 여전히 유효하며, 그를 통하여 신앙이 더 건강해질 수 있다는 점을 보여 주려 한다.

427 시대의 지성 노암 촘스키　　eBook

임기대(배재대 연구교수)

저자는 노암 촘스키를 평가함에 있어 언어학자와 진보 지식인 중 어느 한 쪽의 면모만을 따로 떼어 이야기하는 것은 불합리하다고 말한다. 이 책에서는 촘스키의 가장 핵심적인 언어이론과 그의 정치비평 중 주목할 만한 대목들이 함께 논의된다. 저자는 촘스키 이론과 사상의 본질에 다가가기 위한 이러한 시도가 나아가 서구 사상을 받아들이는 우리의 자세와도 연결된다고 믿고 있다.

024 이 땅에서 우리말로 철학하기

이기상(한국외대 철학과 교수)

우리말을 가지고 우리의 사유를 펼치고 있는 이기상 교수의 새로운 사유 제안서. 일상과 학문, 실천과 이론이 분리되어 있는 '궁핍의 시대'에 사는 우리에게 생활세계를 서양학문의 식민지화로부터 해방시키고, 서양이론의 중독으로부터 벗어나야 한다고 역설한다. 저자는 인간 중심에서 생명 중심으로의 변환과 관계론적인 세계관을 담고 있는 '사이 존재'를 제안한다.

025 중세는 정말 암흑기였나 `eBook`

이경재(백석대 기독교철학과 교수)

중세에 대한 친절한 입문서. 신과 인간에 대한 중세인의 의식을 다루고 있는 이 책은 어떻게 중세가 암흑시대라는 일반적인 인식을 가지게 되었는지에 대한 물음을 추적한다. 중세는 비합리적인 세계인가, 중세인의 신앙과 이성은 어떠한 관계를 갖고 있는가 등에 대한 논의를 하고 있다.

065 중국적 사유의 원형 `eBook`

박정근(한국외대 철학과 교수)

중국 사상의 두 뿌리인 『주역』과 『중용』을 철학적 관점에서 접근한다. '산다는 것은 무엇인가?'라는 근원적 질문으로부터 자생한 큰 흐름이 유가와 도가인데, 이 두 사유의 흐름을 거슬러 올라가다 보면 그 둘이 하나로 합쳐지는 원류를 만나게 된다. 저자는 『주역』과 『중용』에 담겨 있는 지혜야말로 중국인의 사유세계를 지배하는 원류라고 말한다.

076 피에르 부르디외와 한국사회 `eBook`

홍성민(동아대 정치외교학과 교수)

부르디외의 삶과 저작들을 통해 그의 사상을 쉽게 소개해 주고 이를 통해 한국사회의 변화를 호소하는 책. 저자는 부르디외가 인간의 행동이 엄격한 합리성과 계산을 근거로 행해지기보다는 일정한 기억과 습관, 그리고 사회적 전통에 영향을 받는다는 사실로부터 시작한다는 점을 강조한다.

096 철학으로 보는 문화 eBook

신응철(숭실대 인문과학연구소 연구교수)

문화와 문화철학 연구에 관심 있는 사람을 위한 길라잡이로 구상된 책. 비교적 최근에 분과학문으로 등장하기 시작한 문화철학의 논의에 반드시 들어가야 할 요소를 선택하여 제시하고, 그 핵심 내용을 제공한다. 칸트, 카시러, 반 퍼슨, 에드워드 홀, 에드워드 사이드, 새무얼 헌팅턴, 수전 손택 등의 철학자들의 문화론이 소개된다.

097 장 폴 사르트르 eBook

변광배(프랑스인문학연구모임 '시지프' 대표)

'타자'는 현대 사상에 있어 가장 중요한 개념 중 하나이다. 근대가 '자아'에 주목했다면 현대, 즉 탈근대는 '자아'의 소멸 혹은 자아의 허구성을 발견함으로써 오히려 '타자'에 관심을 갖게 되었다. 그리고 타자이론의 중심에는 사르트르가 있다. 사르트르의 시선과 타자론을 중점적으로 소개한 책.

135 주역과 운명 eBook

심의용(숭실대 강사)

주역에 대한 해설을 통해 사람들의 우환과 근심, 삶과 운명에 대한 우리의 자세를 말해 주는 책. 저자는 난해한 철학적 분석이나 독해의 문제로 우리를 데리고 가는 것이 아니라 공자, 백이, 안연, 자로, 한신 등 중국의 여러 사상가들의 사례를 통해 우리네 삶을 반추하는 방식을 취한다.

450 희망이 된 인문학 eBook

김호연(한양대 기초·융합교육원 교수)

삶 속에서 배우는 앎이야말로 인간의 운명을 바꿀 수 있는 기회를 준다. 그래서 삶이 곧 앎이고, 앎이 곧 삶이 되는 공부를 하는 것이 무엇보다 중요하다. 저자는 인문학이야말로 앎과 삶이 결합된 공부를 도울 수 있고, 모든 이들이 이 공부를 할 수 있어야 한다고 믿는다. 특히 '관계와 소통'에 초점을 맞춘 인문학의 실용적 가치, '인문학교'를 통한 실제 실천사례가 눈길을 끈다.

eBook 표시가 되어있는 도서는 전자책으로 구매가 가능합니다.

㈜살림출판사
www.sallimbooks.com
주소 경기도 파주시 문발동 522-1 | 전화 031-955-1350 | 팩스 031-955-1355